무량의경 (無量義經)

약본 (略本)

彌勒佛 註解

㈜ 阿那

저자 彌勒佛 (一名 : 金鉉斗)

법화경 ▶ 『우주간의 법 해설(정본(正本)) 반야바라밀다심경』(2008)
해설서 『우주간의 법 해설 무량의경』(2009)
『묘법연화경 해설 1~14』(총 14권)
『묘법연화경 해설 제 이십사 관세음보살보문품』(2005)
『관보현보살행법경 해설』(2006)

경전 ▶ 『우주간의 법 해설 삼일신고』(2009)
해설서 『화엄일승법계도 근본진리해설』(2002)
『천부경 천부진리 해석 완역』(2003), 『우주간의 법 해설 금강경』(2007)
『북두칠성연명경해설』(2005)

단행본 ▶ 『무량의경(無量義經) 약본(略本)』(2015), 『미륵불과 메시아』(2015)
『묘법연화의 실상(實相)의 법(法)』(2006)
『우주간의 법 해설 대승보살도 기초교리』(2009)
『미륵부처님께서 밝히시는 한민족(韓民族)들이 가야만 하는 길』(2013)
『미륵부처님께서 밝히시는 문명(文明)의 종말(終末)』(2011)
『현대과학 용어로 본 유식사상과 여래장과 선』(2003)
『미륵부처님께서 밝히시는 우르난쉐(Ur-Nanshe)님에 대한 진리(眞理)』(2014)

예언서 ▶ 『우주간의 법 해설 요한계시록』(2008)
해설 『격암유록 남사고비결 해설 上, 下』(2001)

경전 ▶ 『관보현보살행법경 독송용』(2006)
독송용 『약사유리광여래본원공덕경』(2008)

발간 ▶ 『妙法華(묘법화)의 실상(實相)의 법(法)』
예정 『(개정) 우주간의 법 해설 대승보살도 기초교리』
도서 『(개정) 우주간의 법 해설 정본(正本) 반야바라밀다심경』
『(개정) 우주간의 법 해설 삼일신고』
『진실(眞實)된 세계역사(世界歷史)와 종교(宗敎)』
『미륵부처님께서 밝히시는 잃어버린 진실(眞實)된 한민족(韓民族)들의 역사(歷史)』

등의 저서가 있으며 브라만법화연수원 및 홈페이지를 통해 《원천창조주》이신 《석가모니 하나님 부처님》의 진리(眞理)의 말씀을 전하시고 있습니다.
※ 품절 및 절판 도서 소개는 생략합니다.

무량의경(無量義經) 약본(略本)

지은이	彌 勒 佛
펴낸이	최 원 아
펴낸곳	(주) 아나, 2001년 1월 22일 등록 제 16 - 9호
입력	혜경
초판 발행	2015년 5월 21일(1판 1쇄)
초판 인쇄	2015년 5월 21일(1판 1쇄)
주소	부산광역시 기장군 기장읍 차성남로 62 아나빌딩 3층
전화번호	(051) 723-2261 ~ 3
팩스	(051) 723-2264
홈페이지	http://www.brahmanedu.org (브라만법화연수원)
	(미륵부처님 직강 동영상과 법문 공개)
저작권	ⓒ 2015, (주)아나
가격	8,000원
ISBN	978-89-89958-48-2(03220)

[무량의경(無量義經) 미륵부처님 주해(註解) 독송정진용(讀誦精進用)] 활용에 대하여

《무량의경(無量義經)》 미륵부처님 주해(註解) 독송 정진을 할 수 있는 분은 《성문》의 대열에 오래 머문 후 충분한 참회기도로써 스스로의 업장을 소멸한 분이 《보살도》에 입문을 하여 《보살도 입문》의 보살이 된 자와 《보살도 성취》의 보살이 된 자와 《보살마하살》 등이 현재의 육신(肉身)을 가지고 태어난 분들과 천상(天上)에 계시는 분들에 한정하여 하루에서 10일 간격으로 《미륵부처님》 주해(註解) 1편씩을 독송 정진을 한 후 《명상》과 《삼매》를 병행하여 수련을 하면 좋은 결과가 있을 것이다.

특별히 당부 드리는 말씀은 스스로의 업장이 소멸이 되지 않은 《마성(魔性)》을 가진 자가 《독송정진》을 하면 더 큰 《마구니》가 되어 설치기 때문에 이때 부처님들께 《마(魔)》의 무리가 포착이 되면 십중팔구 현생의 목

숨과 2차 죽임인《영혼 죽음》까지 당할 우려가 있기 때문에 이러한 분들은 먼저 깊은 참회기도로써 스스로가 지닌《마성(魔性)》과 이로부터 비롯된 업장을 소멸하다보면 때에 꿈이나 비몽사몽간에《부처님》들께서 나타나시어《미륵부처님 주해(註解)》《독송 정진》을 허락하실 것이다.

《마성(魔性)》이 짙은 자들이 가만히 보면 스스로의 힘을 배가시키기 위해 석가모니 하나님 부처님 법(法)을 탐하는 경우가 많아서 미리 당부를 드리는 것이다. 천상(天上)의 신장님들과《보살도 입문이 보살》과《보살노성쥐의 보살》과《보살마하살》들께는 큰 도움이 되실 것으로 알고 몇 말씀드리는 것이다.

불기 2554년 양 10월 10일

미륵부처님 傳

목 차

[무량의경(無量義經) 미륵부처님 주해(註解) 독송정진용(讀誦精進用)] 활용에 대하여 ·················· 4

목차 ·· 6

1. [무량의(無量義) 관법(觀法) 1] ························ 11
[미륵부처님 주해(註解) 1] ······························· 14
[미륵부처님 주해(註解) 2] ······························· 18
[미륵부처님 주해(註解) 3] ······························· 22

2. [무량의(無量義) 관법(觀法) 2] ························ 29
[미륵부처님 주해(註解) 4] ······························· 32
[미륵부처님 주해(註解) 5] ······························· 35
[미륵부처님 주해(註解) 6] ······························· 40

3. [무량의경(無量義經) 제이 설법품 ⑥항 1] ············ 51
[미륵부처님 주해(註解) 7] ··· 55
[미륵부처님 주해(註解) 8] ··· 59
[미륵부처님 주해(註解) 9] ··· 66

4. [무량의경(無量義經) 제이 설법품 ⑥항 2] ············ 75
[미륵부처님 주해(註解) 10] ··· 78
[미륵부처님 주해(註解) 11] ··· 85

5. [무량의경(無量義經) 제이 설법품 ⑦항 1] ············ 95
[미륵부처님 주해(註解) 12] ··· 99

6. [무량의경(無量義經) 제이 설법품 ⑦항 2] ··········· 105
[미륵부처님 주해(註解) 13] ·· 108

7. [무량의경(無量義經) 제이 설법품 ⑧항 1] ··········· 113
[미륵부처님 주해(註解) 14] ·· 116

8. [무량의경(無量義經) 제이 설법품 ⑧항 2] ············ 125
    [미륵부처님 주해(註解) 15] ·· 127

무량의경 (無量義經)

약본 (略本)

彌勒佛 註解

㈜ 阿那

1. [무량의(無量義) 관법(觀法) 1]

『무량의경(無量義經)』「제이 설법품(說法品)」②항 中

《한문경(韓文經)》

應當觀察 (응당관찰)
一切諸法 (일체제법)
自本來今 (자본래금)
性相空寂 (성상공적)
無大無小 (무대무소)
無生無滅 (무생무멸)
非住非動 (비주비동)
不進不退 (부진불퇴)
猶如虛空 (유여허공)
無如二法 (무여이법)

法相如是 (법상여시)
生如是法 (생여시법)

住如是法 (주여시법)

異如是法 (이여시법)

滅如是法 (멸여시법)

能生惡法 (능생악법)

能生善法 (능생선법)

住異滅者 (주이멸자)

亦復如是 (역부여시)

《한글경》

마땅히 관찰하라
일체의 모든 법(法)은
지금까지 오면서
성(性)의 형상이 비고 고요하여
큰 것도 없고 작은 것도 없으며
나는 것도 없고 멸하는 것도 없으며
머무르지도 않고 움직이지도 아니하며 나아가지도
않고 물러서지도 않으며
마치 허공과 같이
두 가지 법(法)은 있을 수가 없느니라

법의 형상도 이와 같아서

이와 같은 법(法)에 태어나서
이와 같은 법(法)에 머뭄이라
이와 같은 법(法)이 다르게 되어
이와 같은 법(法)이 다함이니
능히 악한 법(法)도 태어나며
능히 선한 법(法)도 태어나니
머무르고 다르게 되는 것과 다하는 것도 또한 이와 같으니라.

[미륵부처님 주해(註解) 1]

 공(空)을 크게 나누면, 그 둘레가 《7,160》광년이 되는 《법공(法空)》과 《법공》 내(內)에서 《법공》 크기의 40%를 차지하는 둘레가 《5,275.$_2$광년》이 되는 대공(大空)으로 구분이 된다.

 이와 같은 구분에서 법공은 휴식기 《법공》과 진화기의 《법공》 두 경우로 나눈다.

 이러한 두 경우 중 휴식기 《법공》은 《법성의 1-6체계》가 《법공》 크기 4%의 영역을 무색투명한 불꽃 없는 불덩어리가 되어 외곽에 자리하고 그 내부는 《법공》의 96%에 달하는 《암흑물질》이 자리하여 양음짝을 하고 있으며, 진화기의 《법공》은 외곽에 법공 크기의 2%에 달하는 음의 《여섯 뿌리 진공》층이 《적멸보궁》으로 자리하며 그 아래로 56%에 달하는 무간지옥으로 불리우는 《암흑물질》층이 자리하며 그 다음에 《대공》이 자리하는 것이다.

《법공》이 진화기에 돌입하면서 《법성의 1-6체계》가 파동하여 사선근위의 과정 끝에 이합의 《세제일법》 진공을 탄생시켜 암흑물질과 첫 삼합을 하여 양음의 《여섯 뿌리》 진공이 탄생됨으로써 회전이 일어나, 일부의 《세제일법》 진공과 일부의 음의 《여섯 뿌리 진공》은 본래 자리에 남고 양의 여섯 뿌리 진공과 세제일법의 진공이 혼재되어 법공 내부로 분출이 된다.

이러한 분출의 과정에도 세제일법의 진공은 계속 삼합(三合)을 하여 양음의 《여섯 뿌리》 진공을 탄생시켜, 음의 《여섯 뿌리 진공》은 《대공》의 경계를 형성하고 전후로 만들어졌던 양의 《여섯 뿌리 진공》과 이때까지 암흑물질과 결합을 하지 않은 《세제일법》 진공은 대공 내로 분출이 된 후 《세제일법》의 진공이 한 곳에 모여 공을 이루기를 5억년 하는 동안 생명력을 얻어 초기 천궁인 정명궁 《커블랙홀》을 이루고, 분출된 《양의 여섯 뿌리 진공》은 암흑물질과 양음짝을 하여 대공의 바탕이 된다.

이로써 정명궁의 작용(作用)으로 양의 《여섯 뿌리 진공》과 암흑물질이 양음 짝을 한 오온의 색(色)의 단계 반야공을 끌어들여 고온고압이 작용하는 천궁 내에서 수, 상, 행, 식의 단계를 거쳐 《다섯 기초 원소》로 태어나, 중성자와 양전자와 양자 등은 천궁의 핵을 이루고 중간자와 전자는 천궁의 상극 작용에 의해 천궁 바깥으로 내어 보내게 되는 것이다.

이와 같은 과정을 개천이전 정명궁이 겪으면서 진명궁을 탄생시켜, 정명궁은 만물의 씨종자인 《다섯 기초 원소》와 대공내에 36궁을 만들고, 그 속에서 진명궁은 《복합원소》를 만듦으로써 물질들을 탄생시키는 것이다.

이러한 과정을 거치는 《개천이전》은 《음의 여섯 뿌리 진공》 1%가 대공의 경계가 되고, 대공 내는 세제 일법 진공 1%와 《음의 여섯 뿌리 진공》 1%와 《양의 여섯 뿌리 진공》 2%와 암흑물질 36%가 합(合) 40%가 되어, 진화가 진행이 되는 것이다.

이와 같이 《다섯 기초 원소》 탄생까지가 원천 창조주이신 《석가모니 하나님 부처님》의 《창조》의 범위가 되며 그 이후가 《진화》의 범위가 되는 것이다.

이후의 창조와 진화는《양음》의《여섯 뿌리 진공》이 주도하는 것이며, 이러한 창조와 진화를 하는《법공》은《석가모니 비로자나 불》하나님의 몸이며,《대공》은《석가모니 하나님 부처님》의 몸이라는 사실을 깨우치시기 바란다.

[미륵부처님 주해(註解) 2]

개천이전 창조와 진화를 주도한 것은《순수 진공》인 이합의《세제일법》진공이다.

이러한 개체의《순수 진공》을 무색투명한《유리구슬》에 비유를 하면,《유리구슬》표면을 이루는《공(空)》을《맑음》을 근본체로 한《법(法)》이라고 하며,《공》의 내부(內部) 바탕을《착함(善)》을 근본체로 한《성(性)》이라고 한다.

이렇듯《세제일법》의 진공은《법(法)》과《성(性)》이 1:2로 음양 짝을 한 무색투명한《진공(眞空)》이다.

다음으로, 개천이후의 창조와 진화를 주도하는 것은《순수 진공》인 이합의《세제일법》진공과 암흑물질이 삼합을 한《양음(陽陰)》의《여섯 뿌리 진공》이다.

이러한《여섯 뿌리 진공》은 미세하나마 color를 띠

고 있다. 이러한 《양음》의 《여섯 뿌리 진공》 각각은 《진성광(眞性光)》과 《진명광(眞命光)》이 양음 짝을 하고 있다.

이러한 개체의 《여섯 뿌리 진공》을 《유리구슬》에 비유를 하면, 《유리구슬》의 표면을 이루는 《공》은 《진명광》이 자리하며 《공》의 내부(內部) 바탕은 《진성광》이 1:2의 비율로 자리한다.

이와 같이 양의 《여섯 뿌리 진공》은 《세세일법》의 순수 진공이 암흑물질과 삼합을 할 때 1:2의 비율로 삼합을 한 관계로 《악》을 근본바탕으로 하게 된다. 모든 《암흑물질》은 《악》의 대명사라는 점을 기억하시기 바란다.

다음으로 음의 《여섯 뿌리 진공》은 《세제일법》의 순수 진공과 《암흑물질》과의 삼합이 2:1의 비율로 삼합(三合)을 한 관계로 《악(惡)》보다는 《선(善)》이 우세하기 때문에 착함인 《선(善)》을 근본 바탕으로 한다고 하는 것이다.

이러한 이치 때문에 《세제일법》의 순수 진공과 음의 《여섯 뿌리 진공》은 양음 짝을 한 《선》을 근본바탕으로 한다고 하는 것이다.

이와 같이 《선》과 《악》의 구분은 음의 《여섯 뿌리 진공》과 양의 《여섯 뿌리 진공》으로부터 1차적으로 구분이 되는 것이다.

이러한 개천이후의 창조와 진화를 주도하는 개체의 《여섯 뿌리 진공》은 외곽 《공》을 이루는 《진명광》을 《법(法)》이라고 하며, 《공》의 내부 바탕을 이루는 《진성광》을 《성(性)》이라고 하는 것이다. 이 역시 《법(法)》과 《성(性)》이 하나된 것이 《여섯 뿌리 진공》인 것이다.

한편, 대공의 경계를 이루고 있는 음의 《여섯 뿌리 진공》은 정체 상태를 이루고 있기 때문에 개체의 《공》들이 한 덩어리가 되어 대공 경계의 외곽은 《진성광》이 자리하고 대공 경계의 내(內)는 《진명광》이 자리하여 양음짝을 한 《층》을 이루고 그 아래로 대공의 바탕이 자리하는 것이다.

이와 같은 대공의 바탕에서 새로운 천궁이 만들어질 때, 대공(大空)의 바탕을 이루고 있던 《여섯 뿌리 진공》과 암흑물질이 양음 짝을 한 오온(五蘊)의 색의 단계 반야공 무리들이 진화의 과정을 거쳐 태양성 등의 핵으로 자리하였다가

그 수명이 다하면 태양성 핵의 붕괴 및 이후 태양성 표면의 폭발로 발생한 양음의 여섯 뿌리 진공 중 일부의 진화된 음의 《여섯 뿌리 진공》은 대공의 경계를 뚫고 《적멸보궁》으로 들어가고,

일부의 음의 《여섯 뿌리 진공》과 양의 《여섯 뿌리 진공》이 1:2의 비율로 혼재가 되어 한 곳에 모여 《공》을 이루게 되면 대공의 경계에서 《법》이 일어나 이러한 《공》의 테두리를 감싸면 《공》은 생명력을 얻어 천궁의 초기 형태인 《커블랙홀》을 이루고 작용을 함으로써 새로운 창조와 진화가 시작이 되는 것이다.

이와 같이 창조와 진화는 대공의 경계가 《석가모니 하나님 부처님》에 의해 허물어질 때까지 계속되는 점을 깨달으시기 바란다.

[미륵부처님 주해(註解) 3]

　개천이후의 대공(大空)의 경계는 《음(陰)의 여섯 뿌리》 진공이 2%이며, 대공 내는 《음(陰)의 여섯 뿌리》 진공 1%와 《양(陽)의 여섯 뿌리》 진공 3%와 암흑물질 36%가 합(合) 40%가 되어 창조와 진화를 거듭하는 것이며,

《여섯 뿌리》 진공이 암흑물질과 양음짝을 하여 만들어진 오온의 색(色)의 단계 반야공들이 대공의 바탕을 이룬 후 고온, 고압이 작용하는 천궁으로 끌어들여 졌을 때

《개천이전》은 《세제일법》 진공이 창조와 진화를 주관하였기 때문에 천궁으로 끌어들여진 《반야공》들 모두가 《오온(五蘊)》의 과정을 겪고 《다섯 기초 원소》로 탄생을 하였으나,

《개천이후》는 《여섯 뿌리》 진공이 창조와 진화를 주관한 관계로 천궁으로 끌어들여진 《반야공》들 중 일부는 《오온》의 과정을 거쳐 《다섯 기초 원소》로 탄생이 되는 과정을 거치나,

일부는 이러한 과정을 거치지 못하고 성질이 달라진 《공(호)》들이 되어 천궁의 상극작용에 의해 천궁 바깥으로 내어 보내진 후 다시 암흑물질과 결합하여 《오온》의 과정을 거칠 수 있을 때까지 수없이 반복되는 차이가 있다.

이렇게 하여 1-3의 법칙과 우주간의 1-3-1의 길과 1-4-1의 길이 만들어져 천(天)·지(地)·인(人)의 우주가 탄생을 하는 것이다.

다음으로 지금까지 설명 드린 내용을 참고하여 《석가모니 하나님 부처님》께서 설하신 귀중한 《무량의경》 일부를 살펴보면,

應當觀察 (응당관찰)
一切諸法 (일체제법)
自本來今 (자본래금)
性相空寂 (성상공적)

마땅히 관찰하라
일체의 모든 법(法)은

지금까지 오면서
성(性)의 형상이 비고 고요하여

  상기 말씀은 순수 진공(眞空)인 《세제일법》의 진공이 《법》과 《성》으로 음양 짝을 하여 하나의 진공을 이루고 있는 것을 꿰뚫어 보라고 말씀하시고 계신다.

      無大無小 (무대무소)
      無生無滅 (무생무멸)
      非住非動 (비주비동)
      不進不退 (부진불퇴)
      猶如虛空 (유여허공)
      無如二法 (무여이법)

    큰 것도 없고 작은 것도 없으며
    나는 것도 없고 멸하는 것도 없으며
    머무르지도 않고 움직이지도 아니하며
    나아가지도 않고 물러서지도 않으며
    마치 허공과 같이
    두 가지 법(法)은 있을 수가 없느니라.

  대공(大空)의 경계를 이루고 있는 《음(陰)의 여섯 뿌리》진공을 말씀하고 계신다.

※ 여기까지는 《세제일법》의 진공과 대공의 경계를 이룬 《음(陰)의 여섯 뿌리》진공이 《양음》짝을 하고 있음을 말씀하신 것이다.

『**법상여시(法相如是)**』

법이 형상도 이와 같아서

《법상》은 《법의 형상》으로써 《법》과 《성》이 하나를 이룬 개체의 진공들이 일어나 《개천이전》의 《정명궁》과 《개천이후》의 《천궁》이 만들어지는 것을 말씀하신 대목이다.

生如是法 (생여시법)

住如是法 (주여시법)

이와 같은 법(法)에 태어나서

이와 같이 법(法)에 머뭄이라.

　《개천이전》《정명궁》에서《반야공》을 끌어들여 오온의 과정을 겪는 동안《암흑물질》이 생명력을 띠게 되는 것을 『생여시법』이라고 하시는 것이며, 오온의 과정을 모두 겪고《다섯 기초 원소》로 태어날 때《암흑물질》이 《식(識)》으로 변화되어 《공(空)》속에 머무는 것을 『주여시법』이라고 하시는 것이다.

異如是法 (이여시법)
滅如是法 (멸여시법)

이와 같은 법(法)이 다르게 되어
이와 같이 법(法)이 다함이니

　《개천이후》《음(陰)의 여섯 뿌리》진공으로 만들어진 《천궁》으로 끌어들여진《반야공》들 중 일부는 오온의 과정을 겪고《다섯 기초 원소》로 태어나나, 일부의 《반야공》들은 오온의 과정을 겪지 못하고 성질이 다른《공》들로 변화된 것을 『이여시법』이라 하시고, 이렇게 성질이 달라진《공(空)》들이《천궁》의 상극작용에 의해 《천궁》 바깥으로 내어보내지게 되는 것을 『멸여시법』이라고 하신 것이다.

※ 여기까지 《개천이전》《정명궁》의 작용과 《개천이후》《천궁》의 작용을 양음 짝을 하여 말씀하신 것이다.

能生惡法 (능생악법)
能生善法 (능생선법)

능히 악한 법(法)도 태어나며
능히 선한 법(法)도 태어나니

진화기의 시작과 함께 《법공》 외곽에서 만들어진 이합의 순수 진공인 《세제일법》의 진공이 첫 삼합을 한 후 법공 내부로 분출될 때와 《정명궁》으로 끌어들여진 암흑물질들이 삼합을 하여 만드는 악(惡)을 근본바탕으로 한 《양(陽)의 여섯 뿌리》 진공을 『능생악법』으로 말씀하시고, 선(善)을 근본바탕으로 하는 《음(陰)의 여섯 뿌리》 진공을 만든 것을 『능생선법』이라고 하신 것이다.

住異滅者 (주이멸자)
亦復如是 (역부여시)

**머무르고 다르게 되는 것과 다하는 것도
또한 이와 같으니라.**

 《개천이후》《음(陰)의 여섯 뿌리》진공으로써 만들어진 천궁(天宮)으로 끌어들여진 반야공들 중 오온의 과정을 겪고《다섯 기초 원소》로 태어나는 것과 오온의 과정을 겪지 못하고 성질이 달라진《공(空)》들과 이로써 악(惡)이 더하여져 천궁(天宮) 바깥으로 밀려나가는 공(空)들을 『주이멸자』로 말씀하시고, 이들 역시 마찬가지로 그 바탕이 악(惡)과 선(善)으로 결정된 법으로 태어난 것을 『역부여시』라고 말씀하신 것이다.

※ 여기까지 역시《개천이전》《양음(陽陰)》의《여섯 뿌리》진공의 탄생으로부터 공(空)의 바탕이 악(惡)과 선(善)으로 갈라져《개천이후》천궁의 작용으로 우주간에 악(惡)과 선(善)이 뿌리내림으로써 진화가 시작됨과 아울러 창조와 진화를 양음(陽陰) 짝을 하여 말씀하신 것이다.

2. [무량의(無量義) 관법(觀法) 2]

『무량의경(無量義經)』「제이 설법품(說法品)」②항 中

《한문경(韓文經)》

    如是觀察 (여시관찰)
    四相始末 (사상시말)
    悉徧知已 (실변지이)
    次復諦觀 (차부제관)
    一切諸法 (일체제법)
    念念不住 (념념부주)
    新新生滅 (신신생멸)
    復觀卽時 (부관즉시)
    生住異滅 (생주이멸)
    如是觀已 (여시관이)
    而入衆生 (이입중생)
    諸根性欲 (제근성욕)
    性欲無量故 (성욕무량고)
    說法無量 (설법무량)

說法無量故 (설법무량고)
義亦無量 (의역무량)
無量義者 (무량의자)
從一法生 (종일법생)
其一法者 (기일법자)
卽無相也 (즉무상야)
如是無相 (여시무상)
無相不相 (무상불상)
不相無相 (불상무상)
名爲實相 (명위실상)

《한글경》

이와 같이 네 가지 형상의 시작과 끝을 관(觀)하여 살펴서
두루 알기를 마치고 다음 다시 관점을 살펴
일체의 모든 법(法)은 생각 생각에도 머무르지 않고
새로웁고 새로웁게 나고 멸(滅)함을 다시 관(觀)하고 곧 때에
태어나고 머무르고 달라지고 멸함을 이와 같이 관(觀)하여 마치고
중생들의 모든 근본 뿌리인 성(性)이 하고자 하는 것에 들어갈지니라.

성(性)이 하고자 하는 일이 헤아릴 수 없는 까닭으로
법(法)을 설함도 헤아릴 수 없느니라.
법(法)을 설하는 것이 헤아릴 수 없는 까닭으로
뜻도 또한 헤아릴 수 없느니라.
무량의는 하나의 법(法)으로 좇아 났으며
그 하나의 법(法)은 곧 형상이 없음이니
이와 같은 형상이 없는 것은 형상도 없으며 형상도 아니나니
형상이 아닌 형상도 없으므로 실상이라 이름하느니라.

※ [미륵불 주(註)]

『《반야공(般若空)》은 법성(法性)의 작용(作用)으로부터 좇아 났으며 법성(法性)의 작용(作用)은 형상(形相)이 없음이니, 형상(形相)이 없음을 좇아《반야공(般若空)》이 탄생한 것이다. 이와 같은《반야공(般若空)》을 성(性) 또는 무량의(無量義)라고 하며 이러한 하나의 법(法)이 암흑물질을 빛(光)의 세계로 끌어내어 진화(進化)를 하는 것을 실상(實相)이라고 한다.』

[미륵부처님 주해(註解) 4]

석가모니 하나님 부처님께서 의도하시는 진화(進化)의 근본 목적은《암흑물질》을 빛(光)의 세계로 끌어내어 단련시켜 진화를 시킴으로써 궁극적으로 순수 진공(眞空)으로 진화하게 하여,《법공》바깥에 펼쳐져 있는《법공》크기의 60배에 이르는 진화를 모두 끝마친《보물우주》로 내어보내, 죽음과 고통이 없는 쾌락한 곳에서 영원을 살게 하기 위해 창조와 진화를 계속하시는 것이다.

《법공》의 주인이신《석가모니 비로자나불 하나님》께서는 어느 부처님께서나 인간들이 상상조차 할 수 없는 끝이 없는《보물우주》를 헤아릴 수 없는 세월동안 이미 진화를 시켜 완성을 하여 놓으시고 마지막으로《법공》진화를 진행하시는 위대하신 원천 창조주이신 것이다.

이와 같은《법공》의 1회 진화의 주기는 지구계 시간으로는 1,000억 년이며 우주 전체적으로는 10,000억 년으로써, 이러한 진화가 10,000회가 계속되며, 현재는 6회의 진화기에 들어가 있다.

이와 같은 《법공(法空)》의 1회의 진화는 지구계 시간 기준 《팽창기》 460억 년과 《소멸기》 140억 년과 《붕괴》 300억 년과 《휴식기》 100억 년이 되는 가운데, 현재는 《개천이전》 만물의 씨종자 탄생과 물질 합성을 위한 기간 100억 년과 《개천이후》 120억 년, 합(合) 220억 년으로, 《선천우주》 기간이 끝난 때이며 《후천우주》 240억 년에 돌입한 때이다.

이후 법공은 《소멸기》와 《붕괴기》와 《휴식기》의 과정을 거치는 것이다.

이러한 과정을 거치는 《휴식기 법공》의 《암흑물질》은 모든 《중생》들이 《붕괴기》를 거치면서 《암흑물질》로 화한 것으로써 이들 《암흑물질》들은 당 회기 내에 순수 진공과 결합하여 《영체》의 진화와 《고체》의 진화를 하여 성불을 이루지 못하면 다시 《암흑물질》로 되돌아가는 반복되는 과정을 겪게 되며, 《영체의 진화》의 과정을 거쳐 성불(成佛)을 이루신 부처님들께서는

《적멸보궁》과《법성의 1-6체계》의 자리에 계합하였다가《법공》의 다음 진화기가 시작이 될 때《보물우주》로 나가게 된 후 진화가 완성이 되어 보석으로 된 별의 법신(法身)을 받아 그 주인이 되어 영생의 길에 들어가게 되며,《고체의 진화》를 하던 부처님들의《법신(法身)》은《금강(金剛)》이 되어《법공》내부에 남게 된다.

이렇게 하여《법공》의 진화가 모두 끝이 났을 때,《법공》은 영원히 붕괴되지 않는 찬란한 오색 빛을 발(發)하는《금강 태양성》이 되어 끝이 없는 광대무변한《보물우주》의《금강》《태양성》으로 자리하며, 이를 법신(法身)으로 하여《석가모니 비로자나불(佛)》하나님께서는 모든 부처님들을 거느리시는 것이다.

6회(回)의 진화기에 들어가 있는《법공》은 이번 진화기가 모두 끝이 나면《법공》내부의 0(ZERO) 지점을 중심으로 《금강궁》을 만들게 되며, 이러한《금강궁》이《법공》의 진화가 거듭될수록 커 나가는 것이며,《법공》내부의《금강궁》주인이《미륵부처님》이신 것이다.

[미륵부처님 주해(註解) 5]

 대공 내(內)의 진화는 법공의 진화 시작으로부터 이합의 순수 진공인 《세제일법》의 진공이 탄생하여 삼합의 《여섯 뿌리》 진공을 만들면서부터 대공의 경계가 형성되고, 대공의 경계 내(內)에서 《정명궁》이 탄생함으로써 《반야공》들의 진화가 시작되어 《진명궁》이 탄생하며 이로써 만물의 씨종자인 《다섯 기초 원소》와 《36궁》과 《복합원소》를 만들어 물질 합성을 끝내기까지가 100억 년이 소유된 후 개천(開大)이 되어 오늘에 이르고 있는 것이다.

 《개천이후》 대공 내(內)에 존재하는 만물의 진화는 별(星)들의 진화에 의존하며 이러한 별들을 석가모니 하나님 부처님께서는 인간과 동일시하시는 것이다. 즉, 인간의 법신으로써 별들을 보기 때문이다.

 이러한 별들의 탄생이 반야공 진화의 결과들인 것이다.

《반야공》은 《빛》들이다. 이와 같은 《빛》의 진화 과정에 드러나는 것이 《현상세계》로써 이를 《실상》이라고 하는 것이며, 모든 《빛》들은 단련을 받으며 진화를 함으로써 《음(陰)》의 반야공들은 무색투명한 환한 밝은 빛과 옥돌색 흰색이 음양(陰陽) 짝을 한 하이얀 《빛》이 되었다가 《빛》의 최고 정상에 있는 《여섯 뿌리》 진공을 거쳐 무색투명한 불꽃 없는 《기체》의 금강이 되어 《빛》의 원천의 자리에 들어가고, 《양(陽)》의 반야공들은 《금강》을 이루어 대공 속에 머무는 이것이 반야공 진화의 종착지가 되는 것이다.

이와 같은 반야공들이 만들어지는 곳이 부처님들의 몸(身)들인 천궁이나 태양성이나 달 등의 밝은 별들과 인간의 육신(肉身)과 별들인 법신(法身)들인 것이다.

이렇게 하여 만들어진 《반야공》들이 인연 따라 서로 모여 개체수가 각각 다른 성(性)을 이루고 만물(萬物)을 만들기 때문에 만물의 진화는 별들의 진화에 의존해 있다고 하는 것이다.

이러한 별들은 《핵》의 진화와 《별표면》의 진화 등

둘로 나누어지는데, 별《핵(核)》의 진화가《영체》진화의 길을 따르고,《별표면》의 진화가《고체》진화의 길을 따른다.

이와 같은《영체》의 진화의 길을 따르는 별《핵(核)》의 진화를《석가모니 하나님 부처님》께서 크게 여섯 구분한 것이《지옥, 아귀, 축생, 수라, 인간, 천인》등 6도(道)이다.

이러한 6도 중 천인은 연각승(乘), 성문승(乘), 보살승(乘) 등 삼승(三乘)을 말씀하시는 것이며, 그 다음이《보살마하살》의 자리가 되며, 그 다음이 인간들 중 제일 높으신 부처님(佛)들께서 자리하심으로써 모두 10단계로《영체》진화의 완성으로 구분하신 것이다.

이러한 구분 중 보살도 성취의 보살은 지혜의 완성으로 일불승이 자리하신 고온고압이 작용하는《천궁》으로 들어감으로써《불성(佛性)》을 이루고 다음으로《보살마하살》이 되시어《별표면》의 진화인《법(法)》의 진화의 길에서 물질의 씨종자들을 만들어 우주간의 공간에 보시를 한 후 임무가 다하면《탈겁》하여《음(陰)》의

《아뇩다라삼먁삼보리》 경계에 들어 《천궁》을 이루고, 《천궁》의 진화를 겪는 동안 수많은 별들을 생산한 후 《황금알 대일》의 과정을 겪고 대폭발을 함으로써 불의 진신 3, 4성을 이루고 《양(陽)》의 《아뇩다라삼먁삼보리》를 이룸으로써 불법(佛法) 일치된 완전한 깨달음의 부처를 이룬 이후 일세계인 《태양계》를 이루는 것이다.

이렇듯 《영체》의 진화 종착지가 부처(佛) 이룸이며, 《고체》의 진화 종착지가 불(佛)의 진신(眞身) 3, 4성(星)이다.

이러한 이후 부처님들도 법신과 함께 계속 진화하면서 수많은 중생들을 교화하신 이후 그 소임이 다하면 부처님들께서는 《탈겁》하시어 《적멸한 경계》에 드시고 법신들은 1성이 되는 과정을 거쳐 폭발한 후 새로운 행성을 탄생시켜 소멸의 과정을 거침으로써 이후는 《석가모니 하나님 부처님》의 권위의 상징인 《진성궁》으로 끌어들여져 부처님들께서 첫 번째 진화를 할 때 암흑물질들과 음양(陰陽) 짝을 하였던 《양(陽)》의 여섯 뿌리 진공은 석가모니 하나님 부처님》께 되돌려 드림으로써 금강을 이루게 하시고 《영체》의 진화에서 결합하였던《암흑물질》들은 부처님들 자신이 되시어《음(陰)》의《여섯 뿌리》진공(眞空)을 이루시고《적멸보궁》으로 들어가시는 것이다.

이와 같이 만물(萬物) 진화의 궁극적인 목표는《아뇩다라삼먁삼보리》라는 사실을 깊이 깨달으시기 바라며, 이로써《빛》의 진화인《반야공》의 진화는 막을 내리는 것이다.

[미륵부처님 주해(註解) 6]

《영체》의 진화를 구분한 10단계에서 5단계에 자리한 《인간》은 인간 육신(肉身)을 가진 자를 말한다.

이러한 《인간》들의 마음(心)의 근본 뿌리는 양자 24와 전자 6으로 《성(性)》의 30궁(宮)을 이루고 있으나 《인간도(道)》 진화의 길에 들면서 진화를 위해 《석가모니 하나님 부처님》으로부터 《진성 1》과 《진명 3》과 중성자인 《진정 6》 등 《삼진 10》을 《인간》 이하의 진화의 길에 있는 자들보다는 편중되게 받아 40궁(宮)이 되어 작용을 하게 되나, 정작 진화의 주인공은 《성(性)》의 30궁(宮)이 되며, 이러한 《성(性)》의 30궁(宮)을 세분화하면 양자 18과 《삼진(三眞)》 중의 진정(眞精)인 《중성자(中性子) 6》의 합(合) 24를 《영혼》이라고 하며, 양자 6과 육신 속에서 끌어들인 전자 6이 양음 짝을 한 것을 《영신(靈身)》이라고 한다.

이와 같은 《영신(靈身)》이 《안, 이, 비, 설, 신, 의》를 다스리는 《육근(六根)》이라고도 하는 것이다.

이러한 《성(性)》의 30궁(宮)이 보살도 성취의 보살을 이루게 되면 양자 24와 중성자 2와 양전자 4가 30궁을 이룬 《성령》의 30궁을 이루게 되며 이후 《반야바라밀다》에 의지함으로써 중성자 20과 양전자 10으로 《불성(佛性)》의 30궁(宮)을 이루거나 중성자 10과 양전자 20으로 《불성(佛性)》의 30궁(宮)을 이루는 것이다.

 이러한 《성(性)》의 30궁(宮)이나 《성령(性靈)》의 30궁이나 《불성(佛性)》의 30궁 모두가 반야공들의 진화로써 《빛》의 덩어리라고 표현을 할 수 있다.

 이와 같은 《빛》들을 구분한 것이 《기초 원소》들의 명칭이다.

 이러한 이치는 《육신(肉身)》과 별의 표면》에도 적용이 됨으로써 별(星)들이 빛(光)을 발(發)하는 것이며, 《색안(色眼)》으로는 보이지 않으나 인간 《육신》 역시 공(空)으로 둘러 싸여 빛(光)을 발(發)하고 있는 것이다.

 이와 같은 인간 《육신》의 《육근(六根)》이 《유전자 4

만 개》로 알려진 《속성》과 《혈액》인 《정령》들을 거느리고 《백억조》개의 세포를 다스림으로써 인간 육신의 진화를 도모하는 것이다.

이와 같은 진화의 주인공인 《성(性)》의 30궁(宮)에 있어서 《영혼(靈魂)》을 이루고 있는 양자(陽子) 18이 지닐 수 있는 《혜(慧)》의 총량은 《10^{18}》이며, 가용할 수 있는 《정보량》인 《지혜》는 《10^{36}》으로써 가히 상상할 수 없는 능력을 지닌 《욕망》의 화신이 성(性)의 30궁(宮)이다.

이러한 《욕망》의 화신이 밝음의 《혜(慧)》나 암흑물질로 이름되는 《악(惡)》 또한 끌어들이는 《성질》을 가지고 있기 때문에 밝음의 《혜(慧)》를 축적함으로써 《악(惡)》을 퇴치하고 전자 6은 어둠을 물리치고 《맑음》을 추구하는 진화를 계속함으로써 보살도 성취의 《보살》을 이룰 수 있음을 깨달으시고 이를 참고하여 『무량의 관법 2』에 대한 설명에 들어가도록 하겠다.

『무량의 관법 2』

如是觀察 (여시관찰)
四相始末 (사상시말)
悉徧知已 (실변지이)
次復諦觀 (차부제관)

이와 같이 네가지 형상의
시작과 끝을 관하여 살펴서
두루 알기를 마치고
다음 다시 관점을 살펴

 《개천이후》《천궁》으로 끌어 들여진 오온(五蘊)의 색(色)의 단계 개체의 반야공들이 《천궁》의 고온고압에 의해 오온의 다음 단계인 《수상행식》의 단계를 거쳐 《다섯 기초 원소》로 태어난 반야공들과 이러한 과정을 거치지 못하고 성질이 달라진 《공(空)》들이 되어 《천궁》바깥으로 내어보내지는 것을 꿰뚫어 봄으로써 알기를 마치고는 또 다른 관점에서 살펴볼 것을 말씀하시는 내용이다.

一切諸法 (일체제법)
念念不住 (념념부주)
新新生滅 (신신생멸)
復觀卽時 (부관즉시)

일체의 모든 법(法)은
생각생각에도 머무르지 않고
새로웁고 새로웁게 나고 멸함을
다시 관하고 곧 때에

 상기 말씀은 《반야공》의 진화를 말씀하시는 것으로써 오온(五蘊)의 색(色)의 단계만 하여도 《여섯 뿌리》 진공과 암흑물질이 《양음(陽陰)》 짝을 한 후 고온고압이 작용하는 《천궁》으로 끌어 들여져 《수(受)》의 단계를 거치면서 암흑물질이 여섯 뿌리 진공의 바탕에 눌러 붙어 《공(空)》으로 다시 태어난다.

 이와 같은 단계를 『서로가 서로를 받아들인다』고 하여 《수(受)》의 단계로 이름하며 다음으로 《공(空)》의 바탕과 하나가 된 암흑물질이 color를 띠게 된다.

이러한 단계를 《상(相)》의 단계로 이름하며, 그 다음이 같은 color를 띤 반야공이 셋이 모여 하나를 이루는 과정이 《행(行)》의 단계로써 이때 공(空)은 커지고 공(空)의 바탕에 눌러 붙어 생명력을 띤 암흑물질은 색깔이 더욱 짙어지는 것이다.

이렇게 하여 재탄생된 것이 《식(識)》의 단계로써 《식(識)》의 단계를 거친 공이 셋이 모여 하나를 이루되 공(空)은 더욱 커져 하나가 되나 《식(識)》은 셋으로 자리함으로써 《다섯 기초 원소》가 탄생한다.

이와 같이 법(法)인 공(空)은 진화를 할 때마다 한 곳에 머무르지 않고 공(空)의 바탕은 이럴 때마다 그 내용이 변하여 달라지는 것을 『**일체제법 념념부주 신신생멸 부관즉시**』라고 하시는 것이다. 《다섯 기초 원소》로 태어난 이후에도 받아들이는 《정보량》때문에 어느 하나를 특정 지울 수 없이 변화하며 진화해 가는 것을 말씀하시는 것이다.

生住異滅 (생주이멸)

如是觀已 (여시관이)
而入衆生 (이입중생)
諸根性欲 (제근성욕)

(태어나고 머무르고 달라지고 멸함을
이와 같이 관하여 마치고)
(중생들의 모든 근본 뿌리인 성(性)이
하고자 하는 것에 들어갈지니라)

반야공의 진화를 위해 태어나고 머무르고 달라지고 멸함을 꿰뚫어 보기를 마치고 욕망함의 본능(本能)을 가진 《공(空)》의 바탕인 《성(性)》에 들어가라고 말씀하시는 것이다.

性欲無量故 (성욕무량고)
說法無量 (설법무량)
說法無量故 (설법무량고)
義亦無量 (의역무량)

성(性)이 하고자 하는 일이 헤아릴 수 없는 까닭으로
법(法)을 설함도 헤아릴 수 없느니라.
법(法)을 설하는 것이 헤아릴 수 없는 까닭으로
뜻도 또한 헤아릴 수 없느니라.

모든 《정보량(情報量)》을 쥐고 있는 쪽은 《성(性)》이다. 이러한 《성(性)》은 항상 많은 《정보》를 갖기를 원하는 본능(本能)을 지닌 관계로 밝고 어두운 《정보》를 많이 가지고 있기 때문에 하고자 하는 일도 《정보량》과 비례를 한다.

　　그러므로 이것을 깨닫게 하기 위해 《성(性)》에 들어가라고 하는 것이며, 이 때문에 《석가모니 하나님 부처님》법(法) 설함도 헤아릴 수 없이 많음을 『**성욕무량고 설법무량**』이라고 말씀하시는 것이며, 부처님 법(法)을 설하시는 것이 헤아릴 수 없이 많은 까닭으로 뜻도 또한 헤아릴 수 없이 많음을 『**설법무량고 의역무량**』이라고 말씀하시는 것이다.

無量義者 (무량의자)
從一法生 (종일법생)
其一法者 (기일법자)
卽無相也 (즉무상야)

무량의는 하나의 법(法)으로 쫓아났으며
그 하나의 법(法)은 곧 형상이 없음이니

47

《무량의》는 『공(空)과 질량의 뜻』이라는 의미를 가진 《반야공》을 이름한다. 이러한 반야공은 《세제일법》의 진공이 암흑물질과 삼합(三合)을 함으로써 빛(光)의 조상인 《여섯 뿌리》 진공을 만들고 《여섯 뿌리》 진공이 암흑물질과 양음 짝을 함으로써 《반야공》인 《무량의》가 태어난다. 이러한 뜻을 『무량의자 종일법생』이라고 하시며, 그 하나의 법(法)인 《세제일법》의 진공은 무색투명하기 때문에 이를 『기일법자 즉무상야』라고 하신 것이다.

如是無相 (여시무상)
無相不相 (무상불상)
不相無相 (불상무상)
名爲實相 (명위실상)

이와 같은 형상이 없는 것은
형상이 없으며 형상도 아니나니
형상도 아닌 형상도 없으므로
실상이라 이름하느니라.

이와 같이 무색투명한 《세제일법》의 진공을 『여시무

상 무상불상』이라고 하신 것이며 이러한 무색투명한 《세제일법》의 진공이 암흑물질과 삼합을 하여《여섯 뿌리》진공을 만들고 이와 같은《여섯 뿌리》진공이 암흑물질을 빛(光)의 세계로 끌어내어 진화시키는 것이 실상임을 밝히시는 말씀이 『**불상무상 명위실상**』이다. 즉, 형상이 아닌 형상이 없는 빛(光)의 진화를 실상이라고 말씀하시는 것이다.

3. [무량의경(無量義經) 제이 설법품 ⑥항 1]

《한문경(韓文經)》

善男子 (선남자)
法譬如水 (법비여수)
能洗垢穢 (능세구예)
若井若池 (약정약지)
若江若河 (약강약하)
溪渠大海 (계거대해)
皆悉能洗 (개실능세)

諸有垢穢 (제유구예)
其法水者 (기법수자)
亦復如是 (역부여시)
能洗衆生 (능세중생)
諸煩惱垢 (제번뇌구)

善男子 (선남자)
水性是一 (수성시일)

江河井池 (강하정지)
溪渠大海 (계거대해)
各各別異 (각각별이)
其法性者 (기법성자)
亦復如是 (역부여시)
洗除塵勞 (세제진로)
等無差別 (등무차별)
三法四果 (삼법사과)
二道不一 (이도불일)

善男子 (선남자)
水雖俱洗 (수수구세)
而井非池 (이정비지)
池非江河 (지비강하)
溪渠非海 (계거비해)
而如來世雄 (이여래세웅)
於法自在 (어법자재)
所說諸法 (소설제법)
亦復如是 (역부여시)
初中後說 (초중후설)
皆能洗除 (개능세제)
衆生煩惱 (중생번뇌)
而初非中 (이초비중)
而中非後 (이중비후)

初中後說 (초중후설)
文辭雖一 (문사수일)
而義各異 (이의각이)

《한글경》

착한 남자여,
법(法)은 비유하면 물과 같아서 능히 더러운 때를 씻느니라.
만약 샘 이거나 만약 못이거나 만약 강이거나 만약 하천이거나
시내거나 도랑이거나 큰 바다가
능히 있는 바의 모든 더러운 때를 씻느니라.
그 법(法)의 물도 또한 다시 이와 같아서
능히 중생의 모든 번뇌의 때를 씻느니라.

착한 남자여,
물의 성(性)은 바로 하나이나 강과 하천과 샘과 못과
시내와 도랑과 큰 바다는 각각 구별이 되어 다름이라.
그 법(法)의 성(性)도 또한 다시 이와 같이
괴로움의 미진을 씻어 없앰에는 차별이 없이 같으나
세 가지 법과 네 가지 과와 두 가지의 도는 하나가 아니니라.

착한 남자여,
물은 비록 씻을 수 있다 할지라도 그러나 우물은 못이 아니고
못은 강과 하천이 아니며 시내와 도랑은 바다가 아니니라.
그러나 여래 세웅은 법에 마음대로 하여
설한 바의 모든 법(法)도 또한 다시 이와 같아서
처음과 중간과 뒤에 설한 것 모두를 능히 씻어 없애나
중생의 번뇌는 처음은 중간이 아니요,
이에 중간은 뒤가 아님이라. 처음이나 중간이나 뒤에 말한 것은
글이나 말은 비록 같을지라도 그러나 뜻은 각각 다르느니라.

[미륵부처님 주해(註解) 7]

《법(法)》과 《성(性)》이 음양 짝을 한 것이 《공(空)》으로써, 《공(空)》을 경계하는 둥근 테두리가 《법(法)》이 되며 둥근 테두리 안의 《공(空)》의 바탕이 《성(性)》이 됨을 밝혀 드렸다.

이러한 《공(空)》을 일반적으로 《법(法)》이라고 하는 것이며, 세부적으로 《공(空)》의 삭봉을 나눌 때 《법(法)》과 《성(性)》으로 구분하는 것을 아시기 바라며, 만물의 씨종자인 《다섯 기초 원소》 탄생 이후 《반야공》의 진화가 본격적으로 시작될 때는 아예 《성(性)》이라고 이름하기 때문에 《법(法)》인 《공(空)》의 테두리를 잊고 있는 경우가 있어 이를 《반야공》으로 이름한 것이다.

《휴식기》《법공》의 외곽에서 《진화기》에 들어서면서 파동에 의해 《법성의 1-6체계》가 《사선근위》의 과정 끝에 탄생하는 《세제일법》의 진공이 다섯 종류이며, 이 다섯 종류가 암흑물질 중 제일 진화가 많이 된 가

벼운 암흑물질과 삼합(三合)을 하여 《여섯 뿌리》 진공을 탄생시킨다.

이러한 《여섯 뿌리》 진공 다섯 종류와 암흑물질 아홉 종류가 양음(陽陰) 짝을 한 오온(五蘊)의 색(色)의 단계에서 45종류가 되며, 다음으로 오온의 《행(行)》의 단계에서 두 번째 삼합(三合)을 하여 탄생한 15종류가 현대 물리학에서 《쿼크》로 불리우는 《식(識)》인 것이며, 이러한 《식(識)》이 세 번째 삼합(三合)을 하여 탄생한 것이 만물의 씨종자인 《다섯 기초 원소》가 되는 것이다.

이와 같은 《다섯 기초 원소》 중 개체의 양자를 "예"로 하여 설명 드리면, 양자 테두리의 공(空)을 현대물리학에서는 《글루볼》로 이름하고 있으며, 공(空)의 바탕에 《쿼크》로 불리우는 《식(識)》 셋이 색깔(color)을 띠고 자리하여 분별력(分別力)을 가지고 있는 것이다.

이러한 《공(空)》의 바탕이 본래는 착함인 《선(善)》을 체(體)로 하였으나 진화의 과정에 암흑물질이 깃들게 되면 《악(惡)》의 바탕으로 변하는 것이다.

즉, 개체의 양자(陽子) 공(空)의 바탕도 《선(善)》의 바탕을 가진 양자(陽子)와 《악(惡)》을 바탕으로 한 양자(陽子)로 나누어지며, 이러한 《공(空)》의 바탕에 분별력을 가진 《쿼크》가 자리하는 것이다.

《공(空)》의 진화에 있어서 《법(法)》의 진화는 《맑음》의 진화를 추구하고 《성(性)》의 진화는 《밝음》의 진화를 추구한다.

즉, 밝음으로써 어둠의 대명사인 《악(惡)》을 물리침으로써 진화를 하여 가는 것이며, 이러한 과정에 《식(識)》도 진화를 하는 것이다.

이와 같은 진화에 있어서 《악(惡)》을 근본바탕으로 한 자가 《밝음》을 가졌을 때 양자(陽子)의 모임을 보면 《적자색(赤紫色)》을 띠나, 《선》을 근본바탕으로 한 자가 《밝음》을 완성하였을 때는 《적색》을 띤다.

이로써 볼 때, 《악》의 근본바탕을 《선》의 근본바탕으로 바꾸지 않으면 《밝음》의 완성이라 할 수가 없는 것이다.

 이 때문에 석가모니 하나님 부처님께서는 《착함》의 근본을 강조하시는 것이다.

 이와 같이 《공(空)》의 바탕인 《성(性)》을 《밝음》으로 완성함과 아울러 《공(空)》의 경계인 《법(法)》의 《맑음》을 완성하여야 하는 것이다.

 이 때문에 《밝음》의 수행을 할 때 명상과 삼매를 병행하여 수행을 하여야 하는 것이며, 《맑음》의 수행을 할 때 《선(禪)》 수행을 하는 것이다.

 이러한 수행에 있어서 어느 한쪽에 치우쳐서 하여서는 안되는 이유가 《법(法)》과 《성(性)》은 음양(陰陽) 짝을 한 《공(空)》이기 때문이다.

[미륵부처님 주해(註解) 8]

《다섯 기초 원소》는 《중성자》, 《양전자》, 《중간자》, 《양자》, 《전자》이다.

이러한 《다섯 기초 원소》 중 《중간자》는 변환과정의 일시적인 원소로써 이를 제외한 《중성자》와 《양전자》는 양음(陽陰) 짝을 하여 진화를 하며, 《양자》와 《전자》 역시 양음(陽陰) 짝을 하여 진화를 한다.

이와 같은 진화에서 《중성자》는 《2음(陰) 1양(陽)》의 법칙을 따르고, 《양전자》는 《1음(陰) 2양(陽)》의 법칙을 따름으로써, 이 두 원소의 합(合)이 《3음(陰) 3양(陽)》의 법칙으로써 3.3의 구조를 가진 《금강》의 6각(角) 고리 형태를 취하여 진화하는 것이다.

다음으로 《양자》는 《1음(陰) 2양(陽)》의 법칙을 따르고, 《전자》는 《2음(陰) 1양(陽)》의 법칙을 따름으로써 이들 두 원소 합 역시 《3음(陰) 3양(陽)》의 법칙으로써

3.3의 구조를 가진 《금강》의 6각(角) 고리 형태를 취하여 진화를 하는 것이다.

이와 같은 《다섯 기초 원소》에서 변환과정의 일시적인 원소인 《중간자》를 제외한 나머지 원소의 진화의 순서를 살펴보면 《양자》는 진화의 완성을 이루면 《중성자》로 다시 진화하며, 《중성자》가 진화의 완성을 이루면 《진성》으로 불리우는 《반중성자》로 진화를 한다.

다음으로 《전자》는 진화의 완성을 이루면 《양전자》로 진화를 하며, 이러한 《양전자》를 《진명(眞命)》이라고 하며, 《중성자》를 《진정(眞精)》이라고 한다.

이러한 《진성(眞性)》과 《진명(眞命)》과 《진정(眞情)》 등 셋을 세 가지 참됨인 《삼진(三眞)》이라고 하며, 이러한 《삼진》이 진화의 주인공인 《양자》와 《전자》가 주축이 되어 진화한 본능(本能)대로 움직이는 《구석기인》들에게 《석가모니 하나님 부처님》의 나뉨으로 심어짐으로써 비로소 《인간》들이 되어 진화를 하는 것이다.

이와 같이 진화를 하는 다섯 기초 원소 중 개체의 《양자》를 "예"로 들어 세부적인 진화의 실상을 살펴보면, 개체의 《양자》가 처음 태어났을 때 《공(空)》과 《공》의 바탕인 《성》은 《여섯 뿌리》진공으로부터 비롯되었기 때문에 《세제일법》의 진공보다는 못하지만 그래도 무색투명한 쪽에 가깝다.

이러한 《공》과 공의 바탕에 《음(陰)의 쿼크1》과 《양(陽)의 쿼크2》가 선명한 색깔(color)를 가지고 자리하며 이들이 자리한 부분을 제외한 바탕은 무색투명한 것에 가까운 상태로 있는 것이다

이렇게 하여 처음 태어난 《양자》가 밝음의 지혜가 없는 탓에 많은 암흑물질을 끌어 들여 《공(空)》의 바탕이 암흑물질로 채워져 어두워지게 된다.

이러한 때를 석가모니 하나님 부처님께서는 《무명(無明)》이라고 하시는 것이다.

이렇게 하여 어두워진 《공(空)》과 《성(性)》은 이후 계

속되는 진화의 과정을 겪으면서 진화를 위한 정보(情報) 교환을 하는 것이다.

 개체의 《양자》가 《중성자》와 부딪히면 개체의 양자 《성(性)》에 자리한 《양(陽)의 쿼크 2》와 암흑물질을 정보(情報) 전달을 통하여 《정보(情報)》가 입력된 만큼 암흑물질인 《미진》을 뽑아냄으로써 《밝음》으로 유도하고 개체의 양자에 《양전자(陽電子)》가 부딪히면 《공(空)》과 《성(性)》에 자리한 《음(陰)의 쿼크 1》에 깃들어져 있는 암흑물질을 정보(情報) 전달을 통하여 정보가 입력된 만큼 암흑물질인 《미진》을 뽑아냄으로써 《밝음》을 유도하는 것이다.

 그리고 《전자》는 《양자》보다는 상대적으로 가벼운 원소이기 때문에 《공(空)》에 부딪혀 계속 《공》과 《성(性)》에게 《정보》만 전달을 하며 같은 양자끼리 부딪히면 부딪힌 부분으로부터 《성(性)》의 내부에 《빛》의 육각(六角) 고리가 형성이 된다.

 이러한 《빛》의 육각 고리가 차지하는 비율만큼 《성(性)》에 자리한 암흑물질인 《미진》이 빠지는 것이다.

이와 같은 《빛》의 육각고리를 《정보》의 공통분모로써 《혜 1》이라고 하며 《혜(慧) 1》이 《정보》로 이름되는 《지(智) 10》을 다스리는 것이며, 이러한 《지(智) 10》은 인간 좌뇌에 있는 《의식의 창고》에 머물게 되는 것이다

이와 같은 양자의 《공》이 처음 탄생하였을 때를 유리구슬에 비유를 하면, 그 표면이 미끄럽게 되어 있으나 정보교환을 위해 중성자와 양전자와 같은 양자와 부딪히면 많은 흠집이 생겨 마치 요철이 심한 골프공의 표면과 흡사하게 변화하게 되는 것이다.

이로써 개체의 양자가 진화를 하여 《공(空)》과 《성(性)》에 자리하였던 암흑물질 모두를 제거하였을 때가 《맑음》과 《밝음》의 양자로써의 진화를 완성한 것이며, 이 이후 《핵(核)》분열과 융합의 과정을 거쳐 중성자로 진화하여 가는 것이다.

이때 빠져 나오는 《미진》을 비유를 하면 끈적끈적한 새까만 《콜타르》와 같은 것이다.

이와 같이 개체의 양자 진화의 길에서 부딪히며 정보를 얻고 맑음의 길로 나아가고자 하는 강한 《욕망》을 가진 쪽이 《공》의 작용이며, 《밝음》의 작용이 본격적으로 일어나는 곳이 《성(性)》의 작용인 것이다.

이러한 개체의 양자 진화의 과정을 비유를 하면,

『대장장이가 쇠를 벌겋게 달구어 두들기게 되면 쇠 속의 불순물이 모두 제거되어 강한 쇠로 거듭나는 이치』

와 같은 것이다.

즉, 진화의 과정이 거듭되는 이유가 《단련》을 위하여서 이며 이로써 《맑고 밝음》을 찾고 《착한》 근본을 가지기 위해 노력함으로써 암흑물질을 무색투명한 《빛》의 근본으로 만들고자 하는 목적임을 아시기 바라며,

이러한 《목적》 달성은 《인연법(因緣法)》을 따르는 것이 제일 바람직하며 개체의 양자 진화의 설명에서도 드러났듯이 정작 진화의 주인공은 《양자》와 《전자》이며, 이들의 진화를 돕는 과정에 《중성자》와 《양전자》 스

스로도 진화의 완성을 위해 노력한다는 점을 깊이 깨우치시기 바라며, 백억 년 전에 태어난 양자와 오늘 갓 태어난 양자와의 차이는 하늘과 땅 만큼의 차이가 있음도 차제에 깊이 생각하시기 바란다.

[미륵부처님 주해(註解) 9]

善男子 (선남자)
法譬如水 (법비여수)
能洗垢穢 (능세구예)
若井若池 (약정약지)
若江若河 (약강약하)
溪渠大海 (계거대해)
皆悉能洗 (개실능세)
諸有垢穢 (제유구예)
其法水者 (기법수자)
亦復如是 (역부여시)
能洗衆生 (능세중생)
諸煩惱垢 (제번뇌구)

착한 남자여,
법(法)은 비유하면 물과 같아서 능히 더러운 때를 씻느니라.
만약 샘 이거나 만약 못이거나 만약 강이거나 만약 하천이거나
시내거나 도랑이거나 큰 바다가
능히 있는 바의 모든 더러운 때를 씻느니라.
그 법(法)의 물도 또한 다시 이와 같아서
능히 중생의 모든 번뇌의 때를 씻느니라.

공(空)이 작용을 할 때 공(空)의 경계를 법(法)이라고 하며 공(空)의 내부 바탕을 성(性)이라고 한다고 밝혀 드렸다.

상기 말씀의 법(法)은 진화하여 가는 《여섯 뿌리》 진공과 《반야공》의 《공(空)》을 말씀하시는 것으로써 이러한 공(空)의 크기는 진화의 형태에 따라 적게는 오온의 각 과정을 겪는 공과 개체의 기초원소와 복합원소와 이들이 삼합(三合)을 한 공(空)과 이들이 물질을 이루고 있는 공(空)의 크기가 각각 다른 것을 샘과 못과 강과 하천과 시내와 도랑과 큰 바다로 비유를 하신 것이며, 이러한 구분의 물(水)은 맑고 흐림의 차이는 있으나 하나같이 때를 씻을 수 있는 것은 공통된 것이다.

이와 같이 법(法)인 《공》을 씻을 수 있는 《물》에 비유를 한 뜻을 밝혀 드리면, 앞장에서 『**개체의 양자 진화의 길에서 부딪히며 정보를 얻고 맑음의 길로 나아가고자 하는 강한 욕망을 가진 쪽이 《공(空)》의 작용**』임을 밝혀드렸다.

즉, 진화를 위해 다른 원소와 부딪히며 정보를 얻는

만큼 《공(空)》에 깃들어져 있는 암흑물질이 그만큼 빠짐으로써 《맑음》의 길로 나아가는 것이 물(水)이 때를 씻는 것과 같은 이치이기 때문에 변화하는 《공(空)》의 크기 《맑음》으로 진화하고자 하는 성질(性質)을 묶어 절묘하게 《물(水)》과 때를 씻는 성질(性質)로 비유를 하신 것이다.

이와 같이 《맑음》으로 진화를 하는 것을 『능세중생제번뇌구』라고 말씀하시는 것이다.

『모든 번뇌의 때』는 《공(空)》에 깃든 악의 대명사로 불리우는 《암흑물질》인 어둠으로부터 비롯됨을 차제에 깊이 깨우치시기 바란다.

善男子 (선남자)
水性是一 (수성시일)
江河井池 (강하정지)
溪渠大海 (계거대해)
各各別異 (각각별이)
其法性者 (기법성자)

亦復如是 (역부여시)
洗除塵勞 (세제진로)
等無差別 (등무차별)
三法四果 (삼법사과)
二道不一 (이도불일)

착한 남자여,
물의 성(性)은 바로 하나이나 강과 하천과 샘과 못과
시내와 도랑과 큰 바다는 각각 구별이 되어 다름이라.
그 법(法)의 성(性)도 또한 다시 이와 같이
괴로움의 미진을 씻어 없앰에는 차별이 없이 같으나
세 가지 법과 네 가지 과와 두 가지의 도는 하나가
아니니라.

상기 말씀은 《공(空)》의 작용에 있어서 《공(空)》의 내부 바탕인 《성(性)》의 작용을 말씀하신 것으로써, 이 단원에서는 물(水)의 《성품(性品)》에 대해 말씀하시고 계신다.

이러한 물(水)의 성품(性品)이 모여 있는 곳의 크기는 각각 다름을 말씀하시고, 다음으로 《공(空)》의 바탕인 《성(性)》은 본래의 바탕이 《세제일법》의 진공으로부터 비롯되었기 때문에 《성(性)》의 근본바탕을 《착함(善)》을 근본 바탕으로 한 《성품》이라고 한다.

이와 같이 착함(善)을 근본으로 하였던 《성품》이 진화를 거치면서 암흑물질을 끌어들여 근본 바탕을 악(惡)으로 물들였기 때문에 어둠의 대명사인 악(惡)을 제거하기 위해 상대적으로 《밝음》의 진화를 추구하는 것이다.

앞장에서 개체의 양자 진화를 "예"로 들었듯이, 《성(性)》은 《밝음》의 진화 작용이 활발히 일어나 《미진》을 빠지게 하여 어두움을 제거함으로써 《밝음》의 길로 나아간다고 말씀을 드렸다.

이와 같은 《성(性)》의 작용이 마치 물(水)이 때를 씻는 이치와 같은 것을 『**기법성자 역부여시 세제진로 등 무차별**』이라고 말씀을 하시는 것이다.

그리고 진화하는 《성(性)》의 《밝음》의 정도에 따라 부처님의 가르침은 각각 다르게 되는 점을 『**세 가지 법과 네 가지 과와 두 가지 도는 하나가 아니니라**』라고 말씀하심으로써 《성(性)》 역시 하나가 아닌 《밝음》의 차별이 있음을 말씀하고 계신다.

《세 가지 법》은 사선근위(四善根位)에 있어서 《인법(忍法)》을 제외한 《난법(煖法)》과 《정법(頂法)》과 《세제일법(世第一法)》을 말씀하시는 것이며, 《네 가지 과》는 《성문승 사과(四果)》인 《수다원》과 《사다함》과 《아나함》과와 《아라한》과를 말씀하시는 것이며, 《두 가지 도》는 《보살도》와 《연각승도》를 말씀하시는 것이다.

    善男子 (선남자)
    水雖俱洗 (수수구세)
    而井非池 (이정비지)
    池非江河 (지비강하)
    溪渠非海 (계거비해)
   而如來世雄 (이여래세웅)
    於法自在 (어법자재)
    所說諸法 (소설제법)
    亦復如是 (역부여시)
    初中後說 (초중후설)
    皆能洗除 (개능세제)
    衆生煩惱 (중생번뇌)
    而初非中 (이초비중)
    而中非後 (이중비후)
    初中後說 (초중후설)

文辭雖一 (문사수일)
而義各異 (이의각이)

착한 남자여,
물은 비록 씻을 수 있다 할지라도 그러나 우물은 못이 아니고
못은 강과 하천이 아니며 시내와 도랑은 바다가 아니니라.
그러나 여래 세웅은 법에 마음대로 하여
설한 바의 모든 법(法)도 또한 다시 이와 같아서
처음과 중간과 뒤에 설한 것 모두를 능히 씻어 없애나
중생의 번뇌는 처음은 중간이 아니요,
이에 중간은 뒤가 아님이라. 처음이나 중간이나 뒤에 말한 것은
글이나 말은 비록 같을지라도 그러나 뜻은 각각 다르느니라.

《공(空)》의 작용 중 《법(法)》을 물(水)에 비유한 《물(水)》의 성질(性質)은 비록 씻을 수 있다 할지라도 그 담긴 그릇의 크기는 각각 다름을 말씀하시고, 그러나 석가모니 하나님 부처님께서는 원천 《창조주》로서 《법(法)》의 그릇에 구애됨이 없이 자재함을 《어법자재》라고 말씀하시고, 석가모니 하나님 부처님께서 설하신 모든 진리(眞理)의 법(法)도 이와 같아서 처음과 중간과 뒤에 설하신 것 모두를 씻어 없앨 수 있다고 말씀하시는 것이다.

이 대목에서 깊은 사고(思考)를 하셔야 될 부분이 《맑음》을 추구하는 《공》에 깃들어져 있는 암흑물질을 석가모니 하나님 부처님께서 설하신 《법》으로 암흑물질을 제거하여 정도의 차이는 있으나 《맑음》을 찾았는데 이것마저 씻어 없앰으로써 완전한 《맑음》을 갖게 하시는 것을 『초중후설 개능세제』라고 말씀하신 것이다.

그러나 중생들의 번뇌는 때에 따라 일어나는 형태가 각각 다름으로써 때에 따라 중생들의 근기에 맞게 법(法)을 설하시다 보니 글이나 말은 비록 같을지라도 그 뜻을 각각 다르다고 말씀히고 게신다.

이 말씀의 한 가지 "예"를 들어 보겠다. 석가모니 하나님 부처님께서는 《성문승(聲聞乘)》들에게 《고(苦), 집(執), 멸(滅), 도(道)》 사제법을 설하실 때 밝음이 완전하지 못한 《성문》들에게는 『모든 괴로움은 집착으로부터 비롯되니 집착을 끊고 도에 들게 되면 괴로움과 고통을 면할 수 있다』고 고(苦)인 괴로움과 고통 위주로 법(法)을 설하시나,

밝음을 어지간히 갖춘 《성문》들에게는 『모든 고통과 괴로움은 집착으로부터 비롯되니 집착을 끊으면 바로

그 자리가 도(道)의 자리이니라』라고 말씀을 하시고, 도(道)를 앞세우심으로써《보살도》에 들어갈 것을 권유하시는 것이며,

이로써 밝음을 완전히 갖춘《보살》들에게는『모든 괴로움과 고통으로부터 벗어나고자 하면 집착을 멸하고 도의 자리에 들게 되면 된다』는 우주간의 법칙인 1-3의 법칙을 가르치시고『모든 괴로움과 고통은 집착으로부터 비롯되니 집착을 끊은 그 자리가 곧 도(道)의 자리이니라』라고 가르치심으로써 도(道)를 강조하시고, 그러한《도》의 자리가《보살도》의 자리로써 우주간의 법칙인 3-1의 법칙을 가르치는 것이다.

이와 같이 똑같은《사제법》을 설하심에도 중생들의 근기인 밝음의 정도에 따라 그 뜻은 각각 다른 것이다. 이러한 뜻의 말씀이『**중생번뇌 이초비중 이중비후 초중후설 문사수일 이의각이**』라고 말씀하시는 것이다.

4. [무량의경(無量義經) 제이 설법품 ⑥항 2]

《한문경(韓文經)》

   善男子 (선남자)
   我起樹王 (아기수왕)
  轉四諦法輪時 (전사제법륜시)
   亦說諸法 (역설제법)
   本來空寂 (본래공적)
   代謝不住 (대사부주)
   念念生滅 (염념생멸)
   中間於此 (중간어차)
   及以處處 (급이처처)
   爲諸比丘 (위제비구)
   幷衆菩薩 (병중보살)
   辯演宣說 (변연선설)
   十二因緣 (십이인연)
   六波羅蜜 (육바라밀)
   亦說諸法 (역설제법)
   本來空寂 (본래공적)
   代謝不住 (대사부주)

念念生滅 (염념생멸)
今復於此 (금부어차)
演說大乘 (연설대승)
無量義經 (무량의경)
亦說諸法 (역설제법)
本來空寂 (본래공적)
代謝不住 (대사부주)
念念生滅 (염념생멸)

《한글경》

착한 남자여
내가 나무왕에서 일어나
사제의 법륜을 굴릴 때에도
또한 모든 법(法)은 본래 오면서 공(空)이며 고요하여
끊임없이 바뀌어 머무르지 아니하며 생각 생각에 나고
멸한다고 설하였노라.
중간에서 이곳과 그리고 또 곳곳에서
모든 비구와 아울러 많은 보살들을 위하여
십이인연과 육바라밀을 분별하고 설명하여 널리 펴서
설하고
또한 모든 법은 본래 오면서 공(空)이며 고요하여

끊임없이 바뀌어
머무르지 아니하며
생각 생각에 나고 멸한다고 설하였노라.
지금 다시 여기서 대승의 무량의경을 설명하여 말함에
또한 모든 법은 본래 오면서 공(空)이며 고요하여
끊임없이 바뀌어 머무르지 아니하며 생각 생각에 나고
멸한다고 설하느니라.

[미륵부처님 주해(註解) 10]

　주해(註解)의 진행을 하면서 인체 내의 영혼으로 불리우는 양자 24와 전자 6으로 이루어진 《성(性)》의 30궁(宮)의 작용에 대해 대략적으로 설명 드린 바 있으나 이 장에서는 구체적인 설명을 드려야겠다.

　인간이 인간 육신을 가지고 태어날 때 《성(性)》의 30궁의 진화를 돕기 위해 《석가모니 하나님 부처님》의 나뉨인 《삼진(三眞)》 10이 내려와 40궁(宮)이 되어 《성(性)》의 작용을 한다.

　이러한 작용에서 반중성자인 《진성 1》은 《음양(陰陽)》 분리되어 《음(陰)의 진성(眞性) 1》은 우뇌(右腦)에 자리하고 《양(陽)의 진성(眞性) 1》은 왼쪽 눈(眼)의 눈동자로 자리하며 《진명(眞命) 1》은 오른쪽 눈의 눈동자로 자리한다.

　이를 제외한 38궁(宮)은 가운데에 《진정》인 중성자 6

을 진화가 많이 된 양자 18이 둥글게 둘러싸 《영혼(靈魂)》을 이루고 그 외곽에는 상대적으로 진화가 덜된 양자 6과 전자(電子) 6이 《영신(靈身)》을 이루고 《6×6》 구조인 《탄소 순환》의 구조를 이루고 회전을 하면서 《날숨》을 주도하고 《들숨》 때에는 중성자 6과 양자 18이 24궁(宮)을 이룬 가운데 지금까지 《속성(屬性)》과 결합하였던 《양전자 2》가 《전자 6》과 합류하여 궤도를 이루어 《양자 8》과 《양전자 2》와 《전자 6》이 《8.8구조》인 《산소 순환》의 구조를 이룸으로써 《양전자 2》가 《들숨》과 《날숨》을 주관하는 것이다.

이러한 가운데 양자 24 중 상대적으로 진화가 덜된 양자 6과 전자 6이 양음 짝을 하여 《안(眼)》, 《이(耳)》, 《비(鼻)》, 《설(舌)》, 《신(身)》, 《의(意)》 등 육근(六根)을 담당하는 것이다.

이러한 인체 내에 있는 《영혼(靈魂)》과 《영신(靈身)》은 유전자로 알려진 《속성(屬性)》을 하인처럼 거느리며, 《속성(屬性)》은 《혈액》인 《정령(精靈)》들을 거느리고, 《정령》들은 수많은 《세포》들을 거느리는 것이며, 전자 6은 인체 내의 수분(水分)과 《신경망》을 담당함으로써 수많은 전자들을 하인으로 거느리고 있는 것이다.

이러한 《속성》과 《정령》과 《세포》들의 합(合)이 《일백억조》가 된다.

이와 같은 《영신(靈身)》을 이루고 있는 양자 6과 전자 6이 수많은 양자(陽子)와 전자(電子)들을 거느릴 수 있는 것은 진화하면서 얻어진 《밝음》과 《맑음》의 《정보량(情報量)》 때문이며, 정보의 전달은 상기 말씀드린 내용의 《역순》이다.

이와 같은 《정보(情報)》 전달의 "예"를 들면, 각종 《세포》들이 활동 중 《이산화탄소》가 발생하면 《정령(精靈)》들인 혈액들이 꽁무니에 《산소》를 달고 와서 《세포》에게 《산소》를 공급하고 《이산화탄소》를 꽁무니에 달고 인체 내를 여행한 후 심장에 도달하면 심장은 비유를 하면 《풀무간》의 《풀무》가 바람을 공급하여 고열을 가진 불(火)을 일으키는 《풀무》와 같이 상하좌우 작용을 하여 개체의 정령 꽁무니에 달려있는 이산화탄소를 떼어주면 이산화탄소는 《성(性)》의 양자군(群)들에게 부딪히며 정보 전달을 하고 날숨을 통해 인체 바깥으로 배출이 되고, 한편 이산화탄소를 떼어버린 개체의 정령들은 들숨을 통해 들어온 《산소》를 하나씩 달고 다시 인체 내의 여행을 하기를 반복하며, 이러한 반복

운동을 통제하는 자가 《속성》이며, 이들로부터 부딪힘으로써 정보를 받고 전체를 관리하는 자가 양자 6인 것이다.

한편, 《신경망》을 관장하고 《감각》기관을 통제하는 전자 역시 수많은 개체의 전자들이 《신경망》을 통해 전자 6에게 정보전달을 하면 전자 6은 이를 양자군(群)들에게 부딪힘으로써 정보전달을 하는 것이다.

이와 같이 양자가 양자끼리 부딪힘으로써 발생하는 것이 미세한 양자광이며, 전자와 전자가 부딪힘으로써 발생하는 것이 전자광(光)들이다.

이러한 양자광(光)과 전자광(光)이 혼재되어 중성자와 양자가 중심을 이루고 있는 곳과 전자 6이 회전하며 궤도를 이룬 곳 아래에 얽혀 있는 상태가 다르마의 구름으로 비유되는 《마음(心)》인 것이다.

이와 같이 《마음》이 일어나면 그 마음의 정보를 따라 각 감각기관들인 육근이 움직이는 것이다.

이러한 《마음》이 일어났다가 사라질 때 양자광과 전자광은 측정불가능한 미세한 빛(光)의 입자(㸓子)가 되어 《좌뇌》의 《의식의 창고》에 축적이 되는 것이며, 이러한 미세한 빛(光)의 입자들을 《지(智)》라고 하는 것이다.

그리고 양자와 양자끼리 부딪힘으로써 개체의 양자속에 형성되는 빛(光)의 육각(六角) 고리를 《혜(慧)》라고 하는 것이며, 이와 같은 《의식의 창고》에 축적된 《지(智)》를 관리하는 자가 《혜(慧)》로써 《지(智)》와 《혜(慧)》가 음양 짝을 한 것이 《지혜(智慧)》이다.

한편, 인간 육신의 어떤 변화를 먼저 알아차리고 분별을 일으키는 쪽이 인체의 70%이상을 차지하는 수분과 《신경망》을 관장하는 전자 쪽으로써 이 변화의 정보를 《의식》을 담당하는 전자를 제외한 오근(五根)을 담당하는 전자 중 어느 한쪽이라도 개체의 전자들로부터 변화의 정보를 받게 되면 관련 양자에게 부딪혀 그 뜻을 전달하게 된다.

이렇게 전달이 되면 관련 양자에게 내재된 《혜(慧)》가 혜(慧)가 만들어질 때 발생하여 의식의 창고에 축적

되어 있던 《빛》의 입자들을 불러내어 다시 《마음》을 만들게 되므로 과거를 회상(回想)하고 지난 일들을 기억하며 반대로 그 정보를 오근(五根)의 다른 전자들에게 전달하는 것이다.

이렇듯 《혜(慧)》의 명령으로 의식의 창고 관련 빛(光)의 입자가 일어나는 것을 《생각(生覺)》이라고 하는 것이다.

《생각》을 한으로써 《마음》이 일어나 《기억》한다는 사실을 알아야 하며, 이 때문에 마음(心)의 근본뿌리를 《성(性)의 30궁(宮)》이라고 하는 것이다.

그리고 이러한 모든 일들을 주관하는 《성(性)의 40궁(宮)》에서 일어나는 작용들이 모두가 《빛》의 작용들이다.

그러므로 이를 《공적(空寂)》이라고 하는 것이며, 고요한 가운데 일어나는 《빛》의 작용이 인간 육신을 지탱하여 삶을 살고 있다는 사실을 분명히 아시기 바란다.

그리고 《영혼》의 작용이 곧 《빛》의 작용으로써 《육신》의 주인이 《영혼》이며, 이러한 《영혼》과 《육신》의 완성을 위해 《단련》을 함으로써 《진화》가 계속되는 점을 분명히 깨우치시기 바란다.

[미륵부처님 주해(註解) 11]

현재 전하여져 오고 있는『무량의경 제이 설법품 ⑥ 항 2』에서는 다음과 같이 기록되어 있다.

善男子 (선남자)
我起樹王 (아기수왕)

| 詣波羅奈 (예바라나)
| 鹿野園中 (녹야원중)
| 爲阿若拘隣 (위아야구린)
| 等五人 (등오인)

轉四諦法輪時 (전사제법륜시)
亦說諸法 (역설제법)
本來空寂 (본래공적)
代謝不住 (대사부주)
念念生滅 (염념생멸)

착한 남자여
내가 나무왕에서 일어나 바라나의
녹야원 가운데로 나아가서 아야구린들의
다섯 사람을 위하여 사제의 법륜을 굴릴 때에도

**또한 모든 법(法)은 본래 오면서 공(空)이며 고요하여
끊임없이 바뀌어 머무르지 아니하며 생각 생각에 나고
멸한다고 설하였노라.**

이러한 기록에서 『예바라나(詣波羅奈) 녹야원중(鹿野園中) 위아야구린(爲阿若拘隣) 등오인(等五人)』은 《반쪽짜리》 부처(佛)인 《대마왕신 부처(佛)》로서 《악마(惡魔)의 신(神)》인 《석가모니》가 일찍부터 《천상(天上)》과 《지상(地上)》에서 《석가모니 하나님 부처님》께서 《설(說)》하신 《무량의경(無量義經)》을 찬탈하여 자기가 설(說)한 것으로 위장하기 위해 《석가모니 하나님 부처님》의 불법(佛法)을 왜곡하는 파렴치한 짓을 하기 위해 끼워 넣기 한 기록으로써 이러한 왜곡된 기록을 미륵부처님이 발견하고 원래 《석가모니 하나님 부처님》께서 설(說)하신 《무량의경》 내용으로 환원하는 것이니 깊은 이해가 있으시기를 바라며, 이를 삭제한 본래 《석가모니 하나님 부처님》께서 설(說)하신 상기 기록을 재정리하면 다음과 같다.

**善男子 (선남자)
我起樹王 (아기수왕)
轉四諦法輪時 (전사제법륜시)**

> **亦說諸法 (역설제법)**
> **本來空寂 (본래공적)**
> **代謝不住 (대사부주)**
> **念念生滅 (염념생멸)**
>
> 착한 남자여
> 내가 나무왕에서 일어나
> 사제의 법륜을 굴릴 때에도
> 또한 모든 법(法)은 본래 오면서 공(空)이며 고요하여
> 끊임없이 바뀌어 머무르지 아니하며 생각 생각에 나고
> 멸한다고 설하였노라.

중계(中界)의 우주 《석가모니 하나님 부처님》의 법신(法身)은 《목성(木星)》이다.

이러한 《목성(木星)》을 《여섯 뿌리》의 법궁으로 이름하며, 이제 시작된 240억 년 계속되는 《후천우주》 기준이 되는 《중성자 태양성》이다.

《석가모니 하나님 부처님》의 《육신》을 이루고 있던 《일백억조》 개의 《영(靈)》들과 《세포》의 성불(成佛) 의

미는 《석가모니 하나님 부처님》의 《법신》인 《중성자 태양성》이 처음 태어났을 때 《태양성》 표면의 일부는 《중성자》와 《양자》가 결합한 형태로 이루어져 있었으나, 결합한 《양자》마저 진화시켜 《중성자》로 전환시킴으로써 석가모니 하나님 부처님의 《법신》인 《목성》 전체가 《중성자》로 되었다는 의미로써 이러한 뜻을 『내가 나무왕에서 일어나』라고 말씀하고 계시는 것이다.

이와 같이 아직 《밝음》이 완전하지 못한 이들을 위해 《고(苦)》, 《집(執)》, 《멸(滅)》, 《도(道)》 《사제법》을 괴로움인 《고(苦)》를 강조하며 법(法)을 설(說)하신 장면을 『전사제법륜시』라고 말씀하시는 것이며, 이때에도 『모든 법(法)은 본래 오면서 공(空)이며 고요하여 끊임없이 바뀌어 머무르지 아니하며』라고 말씀하시면서 《법(法)》이 곧 《공(空)》으로써 《공(空)》의 진화에 대하여 말씀하시고, 이러한 《공(空)》의 진화가 곧 《빛(光)》들의 진화임을 『생각생각에 나고 멸한다고 설하였노라』라고 말씀하시는 것이다.

中間於此 (중간어차)

及以處處 (급이처처)

爲諸比丘 (위제비구)

幷衆菩薩 (병중보살)

辯演宣說 (변연선설)

十二因緣 (십이인연)

六波羅蜜 (육바라밀)

亦說諸法 (역설제법)

本來空寂 (본래공적)

代謝不住 (대사부주)

念念生滅 (염념생멸)

今復於此 (금부어차)

중간에서 이곳과 그리고 또 곳곳에서
모든 비구와 아울러 많은 보살들을 위하여
십이인연과 육바라밀을 분별하고 설명하여 널리 펴서 설하고
또한 모든 법은 본래 오면서 공(空)이며 고요하여 끊임없이 바뀌어
머무르지 아니하며
생각 생각에 나고 멸한다고 설하였노라.

　상기 말씀은 《석가모니 하나님 부처님》께서 계속하여 많은 사람들을 위해 설법(說法)을 하시는 가운데 인간들의 《성(性)의 30궁(宮)》들이 어지간히 《맑고》《밝아진》 제자들 중 《천지인(天地人)》 우주 구분 중 《지(地)》의 우주 진화를 하는 《벽지불》들의 《비구》들에게는 《십이

인연법》을 설하시고 《천(天)과 인(人)》의 우주 진화를 하는 《성문》들과 《보살도》에 입문한 《보살》들에게는 《육바라밀》을 설하신 것을 『중간에서 이곳과 그리고 곳곳에서 모든 비구와 아울러 많은 보살들을 위하여 십이인연과 육바라밀을 분별하고 설명하여 널리 펴서 설하고』라고 말씀하시는 것이며,

이때에도 《모든 법》이 곧 《공》으로써 《공》의 진화에 대하여 말씀하신 것이 『또한 모든 법(法)은 본래 오면서 공(空)이며 고요하여 끊임없이 바뀌어 머무르지 아니하며』라고 말씀하신 것이다.

그리고 이러한 《공(空)》의 진화가 곧 《빛》들의 진화임을 밝히시는 말씀이 『생각생각에 나고 멸한다고 설하였노라』라고 말씀을 하신 것이다.

위에서 말씀드린 《벽지불》은 《연각승(乘)》과 《독각승(獨覺乘)》을 묶어 호칭을 한 용어가 《벽지불》이다.

이와 같은 《벽지불》에 있어서 《연각승》과 《독각승》이 지니고 있는 《성(性)의 30궁》의 《맑음》과 《밝음》을

인간들의 《키》에 비유를 하여 말씀드리면, 《연각승》이 어른 키를 가졌다면 《독각승》은 어린 아이 키를 가진 차이를 가지고 있으며,

이러한 《벽지불》 비구들에게 석가모니 하나님 부처님께서 《십이인연법》을 설하신 이유가 《벽지불》들은 인간 육신(肉身)에 대해 강한 집착을 가지고 있기 때문에 육신에 대한 집착을 끊게 하여 육신의 주인이 《성(性)의 30궁(宮)》임을 깨우치게 하기 위해 《십이인연법》을 설한 것이며 이러한 《성(性)의 30궁(宮)》 역시 《공(空)》으로써 《공(空)》의 진화가 《빛(光)》들의 진화임을 가르치기 위하여 《십이인연법》을 설하셨음을 깊이 아시기 바란다.

그리고 《비구》들이 《육신》에 대해 강한 집착을 갖게 되는 이유가 《개천이전》 《정명궁》에서 《다섯 기초 원소》가 만들어질 때 《중간자》와 《전자》는 《정명궁》의 상극작용에 의해 《천궁》 바깥으로 내어보내진 후 《중간자》는 《공간》에서 진화의 과정을 거쳐 《양자》로 변환이 되고 《전자》는 때마침 《정명궁》으로부터 분출된 《여섯 뿌리》 진공이 《천궁》을 이룰 때 그 바탕이 된다. 이렇게 하여 만들어진 《천궁》이 《진명궁》이다.

이와 같이 하여 《공간》에서 만들어진 《양자》가 영(靈)으로써 《개천이후》《비구》들의 마음의 근본 뿌리인 《성(性)의 30궁(宮)의 양자군(群)들로 자리하기 때문에 처음 《정명궁》에서 만들어진 《양자》들에 비하면 그 탄생이 훨씬 뒤에 《공간(空間)》에서 만들어짐으로써 《본능》적으로 《육신》에 대한 강한 집착을 갖게 된 것이다.

그러나 진화적인 측면으로 볼 때는 《양자》의 탄생시기가 달랐을 뿐이지 진화하는 이치는 먼저 만들어진 《양자》와 동일하기 때문에 이를 일깨우기 위해 《십이인연법》을 《비구》들에게 설하신 것임을 아시기 바라며,

이 때문에 《비구》들이 《선(禪)》 수행을 통해 《신선(神仙)》을 이루고자 하는 경우가 대부분인 것이나, 이는 잘못된 판단으로 《성문》의 수행이 성불의 길로 가는 것이 훨씬 빠르며, 《신선》들도 궁극에는 《성문》의 대열에 들어야 성불할 수 있다는 점을 차제에 분명히 하는 것이다.

演說大乘 (연설대승)
無量義經 (무량의경)
亦說諸法 (역설제법)
本來空寂 (본래공적)
代謝不住 (대사부주)
念念生滅 (염념생멸)

**지금 다시 여기서 대승의 무량의경을 설명하여 말함에
또한 모든 법은 본래 오면서 공(空)이며 고요하여
끊임없이 바뀌어 머무르지 아니하며 생각 생각에 나고
멸한다고 설하느니라.**

《석가모니 하나님 부처님》께서 《묘법화경》을 설하시기 직전에 《보살도》를 위해 《무량의경》을 설하시기 시작한 때를 『지금 다시 여기서』라고 말씀하시고, 《보살도》를 위해 《무량의경》을 설하심을 『대승의 무량의경을 설명하여 말함에』라고 말씀하시는 것이다.

천인의 대열에 있는 《삼승》 중 《연각승》과 《성문승》을 《소승》이라고 하며, 보살도 성취의 《보살》을 《대승(大乘)》이라고 하는 것이며, 《보살도》에는 보살도 입문자의 보살과 보살도 성취의 《보살》과 보살도 완성자 등 세 종류가 있다.

그러므로 《무량의경》 앞에 《대승(大乘)》을 말씀하신 뜻은 《보살도(道)》를 말씀하시는 것이다.

《벽지불》이라는 용어에 있어서 《연각승》을 제외한 《독각(獨覺)》들은 《소승(小乘)》의 대열에도 들지 못하는 《성》의 자람이 인간 신장(身長)에 비유한 《어린아이》에 지나지 않은 상태이다.

이러한 《소승》의 대열에 들지 못한 《어린아이》들이 《벽지불》이라는 용어를 만들고, 그들이 《대승》이라고 지금까지 《불자》들을 기만하고, 《석가모니 하나님 부처님》《불법(佛法)》을 왜곡하여 《마왕불교》를 태동시킨 자들이라는 점을 분명히 한다.

다음으로 《보살도》를 위한 《무량의경》을 설하시어 말씀하실 때에도 『모든 법(法)은 곧 《공(空)》으로써 《공(空)》의 진화가 《빛》들의 진화임을 설하셨다』고 말씀하시고 계시는 것이다.

5. [무량의경(無量義經) 제이 설법품 ⑦항 1]

《한문경(韓文經)》

善男子 (선남자)
是故初說 (시고초설)
中說後說 (중설후설)
文辭是一 (문사시일)
而義別異 (이의별이)
義異故 (의이고)
衆生解異 (중생해이)
解異故 (해이고)
得法得果 (득법득과)
得道亦異 (득도역이)

善男子 (선남자)
初說四諦 (초설사제)
爲求聲聞人 (위구성문인)
而八億諸天 (이팔억제천)
來下聽法 (내하청법)
發菩提心 (발보리심)

中於處處 (중어처처)
演說甚深 (연설심심)
十二因緣 (십이인연)
爲求辟支佛人 (위구벽지불인)
而無量衆生 (이무량중생)
發菩提心 (발보리심)
或住聲聞 (혹주성문)
次說方等 (차설방등)
十二部經 (십이부경)
摩訶般若 (마하반야)
華嚴海雲 (화엄해운)
演說菩薩 (연설보살)
歷劫修行 (역겁수행)
而百千比丘 (이백천비구)
萬億人天 (만억인천)
無量衆生 (무량중생)
得須陀洹 (득수다원)
斯陀含 (사다함)
阿那含 (아나함)
阿羅漢果 (아라한과)
住辟支佛 (주벽지불)
因緣法中 (인연법중)

《한글경》

착한 남자여
이런 까닭으로 처음 설함과 중간에 설함과 뒤에
설함도
글과 말은 하나일지라도 이에 뜻은 구별되어 다르나니
뜻이 다른 까닭으로 중생들의 푸는 것이 다르며
푸는 것이 다른 까닭으로 법을 얻고 과를 얻어
도를 얻는 것도 또한 다르니라.

착한 남자여
처음에 사제를 설하여 성문을 구하는 사람을
위함이었으나
이에 팔억의 모든 하늘이 내려와서 법(法)을 듣고
깨달음의 마음을 일으켰으며
곳곳 가운데에서도 심히 깊은 것을 설명하여 설하고
십이인연은 벽지불을 구하는 사람을 위함이었으나
이에 헤아릴 수 없는 중생들이 깨달음의 마음을
일으키고
혹은 성문에 머물렀느니라. 다음으로 방등 십이부경을
설하고
마하반야와 화엄의 바다를 보살들에게 설명하여
설함으로

겁이 지나도록 닦아 행하게 하니 이에 백천의 비구와
만억의 하늘 사람들과 헤아릴 수 없는 중생이
수다원과 사다함과 아나함과 아라한의 과를 얻고
벽지불은 인연법 가운데 머물렀느니라.

[미륵부처님 주해(註解) 12]

善男子 (선남자)
是故初說 (시고초설)
中說後說 (중설후설)
文辭是一 (문사시일)
而義別異 (이의별이)
義異故 (의이고)
衆生解異 (중생해이)
解異故 (해이고)
得法得果 (득법득과)
得道亦異 (득도역이)

착한 남자여
이런 까닭으로 처음 설함과 중간에 설함과 뒤에 설함도
글과 말은 하나일지라도 이에 뜻은 구별되어 다르나니
뜻이 다른 까닭으로 중생들의 푸는 것이 다르며
푸는 것이 다른 까닭으로 법을 얻고 과를 얻어
도를 얻는 것도 또한 다르니라.

석가모니 하나님 부처님께서 처음 설하신 《법문》이 《초전법륜》으로 알려진 《아함부》이며, 중간에 설하신

《법문》이 《방등부》와 《반야부》이며, 후에 설하신 《법문》이 《법화열반부》이다.

이러한 《법문》들을 받아들이는 중생들의 근기가 《맑고》《밝음》의 정도에 따라 각각 다르게 됨으로써 그 뜻도 또한 달라져서 차별을 보이는 것이며, 이로써 뜻이 다른 까닭으로 부처님 법(法)을 얻고 과를 얻는 것도 달라짐으로 도(道)를 얻는 것도 또한 다르다고 말씀하시는 것이다.

이러한 한 "예"가 《성문(聲聞)》의 도에서 《성문승》《사과》가 있게 되는 것이다.

善男子 (선남자)
初說四諦 (초설사제)
爲求聲文人 (위구성문인)
而八億諸天 (이팔억제천)
來下聽法 (내하청법)
發菩提心 (발보리심)
中於處處 (중어처처)

演說甚深 (연설심심)

十二因緣 (십이인연)

爲求辟支佛人 (위구벽지불인)

而無量衆生 (이무량중생)

發菩提心 (발보리심)

或住聲聞 (혹주성문)

착한 남자여
처음에 사제를 설하여 성문을 구하는 사람을 위함이었으나
이에 팔억의 모든 하늘이 내려와서 법(法)을 듣고
깨달음의 마음을 일으켰으며
곳곳 가운데에서도 심히 깊은 것을 설명하여 설하고
십이인연은 벽지불을 구하는 사람을 위함이었으나
이에 헤아릴 수 없는 중생들이 깨달음의 마음을 일으키고
혹은 성문에 머물렀느니라.

상기 말씀 중의 『팔억의 모든 하늘』은 《인(人)의 우주》 진화를 하는 인간 무리들 모두를 말씀하시는 것이며, 『벽지불』은 《연각승》들과 《독각》들로서 《지(地)》의 우주 진화를 하는 인간 무리들을 말씀하시는 것이다.

즉, 처음에 《사제》를 설하여 《성문》을 구하는 사람들을 위함이었으나, 《인(人)》의 우주 진화를 하는 모든

인간 무리들이 내려와서 법(法)을 듣고 깨달음의 마음을 일으켜 모두가 《성문승(乘)》의 대열에 머물고 이후 《지(地)》의 우주 진화를 하는 《연각승》과 《독각승》들에게 《십이인연법》을 설하시어 육신(肉身)에 대한 집착을 끊게 함으로써 깨달음의 마음을 일으키게 한 결과 일부의 《연각승》들은 《성문》에 머물게 되었음을 말씀하신 것이다.

> 次說方等 (차설방등)
> 十二部經 (십이부경)
> 摩訶般若 (마하반야)
> 華嚴海雲 (화엄해운)
> 演說菩薩 (연설보살)
> 歷劫修行 (역겁수행)
> 而百千比丘 (이백천비구)
> 萬億人天 (만억인천)
> 無量衆生 (무량중생)
> 得須陀洹 (득수다원)
> 斯陀含 (사다함)
> 阿那含 (아나함)
> 阿羅漢果 (아라한과)
> 住辟支佛 (주벽지불)

因緣法中 (인연법중)

**다음으로 방등 십이부경을 설하고
마하반야와 화엄의 바다를 보살들에게 설명하여 설함으로
겁이 지나도록 닦아 행하게 하니 이에 백천의 비구와
만억의 하늘 사람들과 헤아릴 수 없는 중생이
수다원과 사다함과 아나함과 아라한의 과를 얻고
벽지불은 인연법 가운데 머물렀느니라.**

상기 말씀 중 《방등 십이부경》은 《수다라(계경)》, 《기야(중송)》, 《수기(예언)》, 《카타(운문)》, 《우타나(무문자설)》, 《니타나(인연법)》, 《아파타나(비유)》, 《이데왈다가(본사)》, 《사가(본생)》, 《바불락(방등)》, 《아부타달마(희유법)》, 《우바데사(논의)》 등에 근거하여 설하신 《방등부(方等部)》에 소속한 경전들로써 《법화4부경》의 《우주간(宇宙間)의 법》과 《세간법》을 드러낸 《방등경(方等經)》과는 큰 차이가 있음을 아시기 바라며, 이러한 《방등경(方等經)》과의 차이 때문에 《방등부(方等部)》에 소속한 경전들을 《방등 십이부경》이라고 하는 것이다.

다음으로 《백천의 비구》는 《지일일(地——) 우주》와 《지일이(地—二)》 우주에서 진화하는 《비구》들을 말씀하시는 것으로써 이곳이 《거문고자리 성단》과 《마차부

자리 성단》과 《연등》 부처님께서 계시는 《황소자리 성단》들을 말씀하시는 것이며, 《만억의 하늘 사람》은 《인일일(人一一)》 우주와 《인일이(人一二)》 우주와 《인일삼(人一三)》 우주에서 진화하는 인간들 무리로서 《오리온좌》 성단 아래부터 《은하수》까지의 인간 무리들을 말씀하시는 것이다.

즉, 다음으로 《방등부(方等部)》의 《방등십이부경》을 설하시고 《반야부(方等部)》와 부처님께서 최초로 설하신 《화엄경》을 보살들에게 설명하고 설하여 오랜 세월동안 이를 닦고 행하게 함으로써 《지일일(地一一) 우주》와 《지일이(地一二)》 우주에서 진화(進化)하는 《비구》 무리들과 《인일일(人一一)》 우주와 《인일이(人一二)》 우주와 《인일삼(人一三)》 우주에서 진화하는 인간 무리들과 헤아릴 수 없는 중생들이 성문승 4과인 《수다원과》와 《사다함과》와 《아나함과》와 《아라한과》를 얻고, 《벽지불》들 중 일부의 《연각승》들은 《성문승》 대열에 들고 일부의 《독각》들은 《연각승》 대열에 합류함으로써 《인연법》 따라 진화를 하였음을 말씀하고 계신다.

6. [무량의경(無量義經) 제이 설법품 ⑦항 2]

《한문경(韓文經)》

善男子 (선남자)

以是義故 (이시의고)

故知說同 (고지설동)

而義別異 (이의별이)

義異故 (의이고)

衆生解異 (중생해이)

解異故 (해이고)

得法得果 (득법득과)

得道亦異 (득도역이)

是故善男子 (시고선남자)

自我得道 (자아득도)

初起說法 (초기설법)

至于今日 (지우금일)

演說大乘 (연설대승)

無量義經 (무량의경)

未曾不說 (미증불설)

苦空無常無我 (고공무상무아)

非眞非假 (비진비가)

非大非小 (비대비소)

本來不生 (본래불생)

今亦不滅 (금역불멸)

一相無相 (일상무상)

法相法性 (법상법성)

不來不去 (불래불거)

而衆生 (이중생)

四相所遷 (사상소천)

《한글경》

착한 남자여
이러한 뜻의 까닭으로써 그러므로 알지니 같은 말을 하였으나
그러나 뜻의 차이가 다르며 뜻이 다른 까닭으로
중생이 해석하는 것도 다르고 해석하는 것이 다른 까닭으로
법을 얻고 과를 얻는 것과 도를 얻는 것도 또한 다르니라.

이런 까닭으로 착한 남자여, 스스로 내가 도를 얻어
처음으로 일어나 법을 설함으로부터 오늘날까지와

대승의 무량의경을 설명하여 말함에 이르기까지
내가 없으니 항상함이 없는 공(空)과 괴로움을
일찍이 설하지 아니하였노라.

거짓이 아니니 참됨도 아니고 작지도 않고 크지도
않으며
본래 태어나는 것도 아니고 지금 또한 멸하지도
아니하며
한 형상으로 형상이 없으며

법(法)의 형상과 법(法)의 성(性)도
오는 것도 아니며 가는 것도 아닌 것이나
이에 중생들은 네 가지 형상으로 옮겨지는 것이니라

[미륵부처님 주해(註解) 13]

善男子 (선남자)
以是義故 (이시의고)
故知說同 (고지설동)
而義別異 (이의별이)
義異故 (의이고)
衆生解異 (중생해이)
解異故 (해이고)
得法得果 (득법득과)
得道亦異 (득도역이)

착한 남자여
이러한 뜻의 까닭으로써 그러므로 알지니 같은 말을 하였으나
그러나 뜻의 차이가 다르며 뜻이 다른 까닭으로
중생이 해석하는 것도 다르고 해석하는 것이 다른 까닭으로
법을 얻고 과를 얻는 것과 도를 얻는 것도 또한 다르니라.

《석가모니 하나님 부처님》께서 설하신 《법문(法門)》들을 받아들이는 중생들의 근기에 따라 각각 그 뜻이 다르게 됨으로써 중생이 해석하는 것도 다르고 해석하는 것이 다른 까닭으로 석가모니 하나님 부처님 법(法)을

얻고 과를 얻고 도(道)를 얻는 것도 또한 다름을 재차 강조하시는 말씀이다.

    是故善男子 (시고선남자)
    自我得道 (자아득도)
    初起說法 (초기설법)
    至于今日 (지우금일)
    演說大乘 (연설대승)
    無量義經 (무량의경)
    未曾不說 (미증불설)
   苦空無常無我 (고공무상무아)

**이런 까닭으로 착한 남자여, 스스로 내가 도를 얻어
처음으로 일어나 법을 설함으로부터 오늘날까지와
대승의 무량의경을 설명하여 말함에 이르기까지
내가 없으니 항상함이 없는 공(空)과 괴로움을
일찍이 설하지 아니하였노라.**

 《석가모니 하나님 부처님》께서 《상천궁(上天宮) 1의 성(星)》인 《중성자 태양성(中性子太陽星)》을 법신(法身)으로 하여 《정각》을 이루시고 일어나시어 처음으로 법(法)을 설하심으로부터 《무량의경》을 설하시기 까지 공(空)은

진화의 당체로써 순간순간 변화하여 고정된 실체가 없음을 『내가 없으니 항상함이 없는 공(空)과 괴로움을 일찍이 설하지 아니하였노라』라고 말씀을 하고 계시는 것이다.

非眞非假 (비진비가)
非大非小 (비대비소)
本來不生 (본래불생)
今亦不滅 (금역불멸)
一相無相 (일상무상)

거짓이 아니니 참됨도 아니고 작지도 않고 크지도 않으며
본래 태어나는 것도 아니고 지금 또한 멸하지도 아니하며
한 형상으로 형상이 없으며

상기 말씀은 《법성(法性)》의 1-6체계와 암흑물질이 양음(陽陰) 짝을 한 《법공(法空)》을 말씀하시는 것이다.

法相法性 (법상법성)
不來不去 (불래불거)

而衆生 (이중생)

四相所遷 (사상소천)

**법(法)의 형상과 법(法)의 성(性)도
오는 것도 아니며 가는 것도 아닌 것이나
이에 중생들은 네 가지 형상으로 옮겨지는 것이니라.**

상기 말씀은 대공 내(大空內)에서 《여섯 뿌리》진공으로부터 비롯되는 《반야공(般若空)》의 진화의 과정에 탄생하는 만물의 씨종자인 《다섯 기초 원소》가 탄생할 때부터 《중성자(中性子)》, 《양자(陽子)》, 《양전자(陽電子)》, 《전자(電子)》중 네 가지 형상으로 옮겨진 후 《선(善)》과 《악(惡)》이 구분된 이들의 이합집산으로 중생들이 탄생하여 진화하는 것을 말씀하시고,《법의 형상》과 《법의 성》은 《공(空)》들로써 오는 것도 아니고 가는 것도 아닌 진화하여 변화하여 갈 뿐임을 말씀하시는 것이다.

7. [무량의경(無量義經) 제이 설법품 ⑧항 1]

《한문경(韓文經)》

善男子 (선남자)
以是義故 (이시의고)
諸佛無有二言 (제불무유이언)
能以一音 (능이일음)
普應衆生 (보응중생)
能以一身 (능이일신)
示白千萬億 (시백천만억)
那由他 (나유타)
無量無數 (무량무수)
恒河沙身 (항하사신)
一一身中 (일일신중)
又示若干 (우시약간)
百千萬億 (백천만억)
那由他 (나유타)
阿僧祇 (아승지)
恒河沙 (항하사)
種種類形 (종종유형)

一一形中 (일일형중)
又示若干 (우시약간)
百千萬億 (백천만억)
那由他 (나유타)
阿僧祇 (아승지)
恒河沙形 (항하사형)

善男子 (선남자)
以是義故 (이시의고)
故知說同 (고지설동)
是則諸佛 (시즉제불)
不可思議 (불가사의)
甚深境界 (심심경계)
非二乘所知 (비이승소지)
亦非十住 (역비십주)
菩薩所及 (보살소급)
唯佛歟佛 (유불여불)
乃能究了 (내능구료)

《한글경》

착한 남자여
이러한 뜻의 까닭으로써 모든 부처님께서는 두 가지의

말씀은
있음이 없으시느니라.
능히 한 음성으로써 중생들에게 널리 응하며
능히 한 몸으로써 백천만억
나유타의 헤아릴 수 없고 수없는
항하사의 몸을 보이며
하나하나의 몸 가운데에서 약간을 또 보이시는 것이
백천만억 나유타 아승지 항하사의
가지가지 종류의 형상이며 하나하나의 형상 가운데
약간을 또 보이시는 것이 백천만억 나유타 아승지
항하사의 형상이니라.

착한 남자여
이것이 곧 모든 부처님의 가히 생각으로 논의하지
못할
심히 깊은 경계이니 이승은 알 바가 아니며
또한 십지에 머무는 보살도 미칠 바가 아니니라.
오직 부처님과 더불어 부처님들만이 이에 능히
궁구하여 깨닫느니라.

[미륵부처님 주해(註解) 14]

善男子 (선남자)
以是義故 (이시의고)
諸佛無有二言 (제불무유이언)
能以一音 (능이일음)
普應衆生 (보응중생)

착한 남자여
이러한 뜻의 까닭으로써
모든 부처님께서는 두 가지의 말씀은 있음이 없으시느니라.
능히 한 음성으로써
중생들에게 널리 응하며

《석가모니 하나님 부처님》께서 설하신 《법문》들을 받아들이는 중생들의 근기에 따라 뜻이 달라져 법(法)을 얻고 과를 얻고 《도(道)》를 얻는 것이 달라지는 것이지 부처님께서 말을 이랬다 저랬다 하여 말바꾸기를 하지 않으심을 말씀하시고, 다음으로 깊은 뜻을 담아하신 말씀이 『능히 한 음성으로써 중생들에게 널리 응하며』라는 말씀이다.

진행(進行)을 하면서 밝혀드렸듯이, 《대공 내(大空內)》에서 진화(進化)를 주도하는 것은 《여섯 뿌리 진공》이다.

  이러한 《여섯 뿌리 진공》이 음양(陰陽)으로 갈라져서 《음(陰)의 여섯 뿌리 진공》이 《대공(大空)》을 경계하고 《양(陽)의 여섯 뿌리 진공》이 암흑물질들과 양음(陽陰) 짝을 함으로써 많은 《반야공》을 탄생시켜 《반야공》의 진화가 시작이 되는 것이다.

  이와 같은 역할을 하는 《여섯 뿌리 진공》 자체가 《석가모니 하나님 부처님》의 때에 따른 《몸(身)》인 것이다.

  즉, 《석가모니 하나님 부처님》의 《음(陰)의 몸(身)》이 《대공》의 경계이며, 《양(陽)의 몸(身)》들이 《반야공》들인 것이다.

  이러한 설명에서 《음(陰)의 몸(身)》인 《음(陰)의 여섯 뿌리 진공》은 《대공(大空)》의 원천 바탕이 되고, 《양(陽)의 여섯 뿌리 진공》과 《반야공》들과 《암흑물질》 등 셋은 대공 내(大空內)의 바탕이 되는 것이다.

이 때문에 《대공 내(大空內)》의 《허공(虛空)》으로 불리우는 《공간(空間)》에서 일어나는 작용들 모두를 대공(大空)의 경계를 이루고 있는 《석가모니 하나님 부처님》의 《음신(陰身)》이 알고 계시는 것이며,

이로써 필요한 때에 대공(大空)의 파동(波動)에 의해 새로운 《천궁(天宮)》이 생명력을 띠게 된 후 《천궁》의 작용에 의해 《양(陽)의 여섯 뿌리 진공》과 암흑물질이 양음(陽陰) 짝을 한 오온(五蘊)의 색(色)의 단계 반야공들이 《천궁》으로 끌어 들여져 《다섯 기초 원소》의 반야공들로 탄생하고, 이들의 이합집산으로 《중생(衆生)》들이 탄생하여 인연법에 따라 진화를 계속하는 것이다.

이렇듯 대공의 파동(波動)함을 《한 음성》인 《사이클(cycle)》로써 말씀을 하시고 이 결과 생명력을 띤 《천궁》의 작용으로부터 반야공들이 태어나 이들의 이합집산으로 《중생(衆生)》들이 탄생하게 되는 것을 『**중생들에게 널리 응하며**』라고 말씀하시는 것이다.

能以一身 (능이일신)
示白千萬億 (시백천만억)
那由他 (나유타)
無量無數 (무량무수)
恒河沙身 (항하사신)
一一身中 (일일신중)
又示若干 (우시약간)
百千萬億 (백천만억)
那由他 (나유타)
阿僧祇 (아승지)
恒河沙 (항하사)
種種類形 (종종유형)
一一形中 (일일형중)
又示若干 (우시약간)
百千萬億 (백천만억)
那由他 (나유타)
阿僧祇 (아승지)
恒河沙形 (항하사형)

능히 한 몸으로써 백천만억
나유타의 헤아릴 수 없고 수없는
항하사의 몸을 보이며
하나하나의 몸 가운데에서 약간을 또 보이시는 것이
백천만억 나유타 아승지 항하사의
가지가지 종류의 형상이며 하나하나의 형상 가운데
약간을 또 보이시는 것이 백천만억 나유타 아승지

항하사의 형상이니라.

 상기 말씀 중의 《한 몸》은 《여섯 뿌리 진공》을 말씀하시는 것이며, 《하나하나의 몸》은 《여섯 뿌리 진공》을 음양(陰陽)으로 나누어 《천궁》을 이룬 《음(陰)의 여섯 뿌리 진공》이 《양(陽)의 여섯 뿌리 진공》과 암흑물질이 양음(陽陰) 짝을 한 오온의 《색(色)》의 단계 《반야공》을 끌어들여 《다섯 기초 원소》로 탄생시켜 많은 별(星)들을 탄생시키는 《천궁》의 작용을 인식시키기 위해 《음(陰)의 여섯 뿌리 진공》과 《양(陽)의 여섯 뿌리 진공》을 《하나하나의 몸》으로 말씀하신 것이며, 《백천만억》은 10^{18}승의 《백억조 개의 별》들을 말씀하시는 것이다.

 즉, 전체적인 뜻은 《석가모니 하나님 부처님》의 《몸(身)》인 음양(陰陽) 짝을 한 《여섯 뿌리 진공》으로써 《천(天)의 우주》《백억조 개의 별》들과 《지(地)의 우주》《백억조 개의 별들》과 《인(人)의 우주》《백억조 개의 별》들을 만드신다는 뜻이며, 《나유타》는 인간들 육신 속에 자리한 《속성》의 수(數)를 말씀하시는 것이며, 《아승지》는 《정령》들의 수(數)를 말씀하시는 것이며, 《항하사》는 《세포》의 수(數)를 나타내는 것으로써 이들이 모두 개체로 분산되었을 때 모두가 《중생(衆生)》들로서 한 별(一星)을 법신(法身)으로 한 음양(陰陽) 짝을 한 인간들이 《삼백억조 개의 별》로 나타나 있는데 그들이 거느리고 있는 《중생(衆生)》들의 수(數)는 숫자로 헤아리지 못하는 것이다.

이 때문에 《만물》의 진화는 《별》들의 진화에 의존해 있다고 하는 것이다.

善男子 (선남자)
是則諸佛 (시즉제불)
不可思議 (불가사의)
甚深境界 (심심경계)
非二乘所知 (비이승소지)
亦非十住 (역비십주)
菩薩所及 (보살소급)
唯佛歟佛 (유불여불)
乃能究了 (내능구료)

착한 남자여
이것이 곧 모든 부처님의 가히 생각으로 논의하지 못할
심히 깊은 경계이니 이승은 알 바가 아니며
또한 십지에 머무는 보살도 미칠 바가 아니니라.
오직 부처님과 더불어 부처님들만이 이에 능히 궁구하여
깨닫느니라.

상기 말씀 중의 《이승》은 《성문승》과 《연각승》을 말씀하시는 것이며, 《십지보살》은 《보살》이 《반야바라밀다》에 의지해 《천궁》으로 들어갔을 때 《보살》이 《핵(核)》 분열 단계에서 겪는 다섯 단계와 이후 《핵(核)》 융합 단계에서 《보살마하살》이 겪는 다섯 단계를 모두 《십지보살》이라고 하는 것이다.

《천지인(天地人)》 우주 각각에서 《일백억조 개》의 별들을 생산하는 이치는 《성문승》과 《연각승》과 《천궁》으로 들어가서 《핵(核)》 분열 과정을 겪는 《보살》과 《핵(核)》 융합 과정을 겪음으로써 《불성(佛性)》을 이루게 되는 《보살마하살》들도 헤아리지 못하고, 오로지 《석가모니 하나님 부처님》과 《불법(佛法)》 일치된 완전한 깨달음을 얻은 《부처님》들만이 능히 이 이치를 깨달아 알 수 있는 것이라고 말씀하고 계시는 것이다.

진행을 하면서도 밝혀 왔듯이, 《불법(佛法)》 일치된 완전한 깨달음을 《아뇩다라삼먁삼보리》라고 하며, 이러한 《아뇩다라삼먁삼보리》도 음양(陰陽)으로 갈라져 《음(陰)의 아뇩다라삼먁삼보리》를 이루었을 때가 《천궁》

을 이루고 《일불승(一佛乘)》으로 한 부처님께서 자리하심으로써 이때 많은 별(星)들을 생산하시는 것이며, 이후 《천궁》이 변화상을 모두 겪고 진화를 마치고 《불(佛)》의 진신(眞身) 3,4성(星)을 탄생시켰을 때가 《양(陽)의 아뇩다라삼먁삼보리》를 이룬 때로써 이후 일세계(一世界)인 《태양계(太陽界)》를 이루시는 것이다.

8. [무량의경(無量義經) 제이 설법품 ⑧항 2]

《한문경(韓文經)》

善男子 (선남자)
是故我說 (시고아설)
微妙甚深 (미묘심심)
無上大乘 (무상대승)
無量義經 (무량의경)
文理眞正 (문리진정)
尊無過上 (존무과상)
三世諸佛 (삼세제불)
所共守護 (소공수호)
無有衆魔 (무유중마)
外道得入 (외도득입)
不爲一切 (불위일체)
邪見生死 (사견생사)
之所壞敗 (지소괴패)
菩薩摩訶薩 (보살마하살)
若欲疾成 (약욕질성)
無上菩提 (무상보리)

應當修學 (응당수학)
如是甚深 (여시심심)
無上大乘 (무상대승)
無量義經 (무량의경)

《한글경》

착한 남자여
이런 까닭으로 내가 말하노니, 미묘하고도 심히 깊고
위에 지남이 없는 대승의 무량의경은
글의 이치가 진정하고 바르며 높음이 위에 지남이 없으며
삼세의 모든 부처님들께옵서 함께 지키시고
두호하시는 바이며
많은 마의 무리들과 외도가 잘 들어온다는 것은 있을 수가 없으며
일체의 삿된 견해와 나고 죽음이
이를 헐어 무너지게 하여도 되지 않나니,
보살마하살이
만약 빨리 위없는 깨달음을 이루고자 하면
응당 마땅히 이와 같은 심히 깊고
위없는 대승의 무량의경을 닦고 배울지니라.

[미륵부처님 주해(註解) 15]

善男子 (선남자)
是故我說 (시고아설)
微妙甚深 (미묘심심)
無上大乘 (무상대승)
無量義經 (무량의경)
文理眞正 (문리진정)
尊無過上 (존무과상)

착한 남자여
이런 까닭으로 내가 말하노니, 미묘하고도 심히 깊고
위에 지남이 없는 대승의 무량의경은
글의 이치가 진정하고 바르며 높음이 위에 지남이 없으며

상기 말씀은《우주간》과《세간》에서 중요한《진화》의 이치를 밝혀 놓으신 보살도의《무량의경》은 그 뜻이 심히 깊기 때문에 이를 능가하는《경》이 없음을 밝히시는 말씀이다.

　　　　　三世諸佛 (삼세제불)
　　　　　所共守護 (소공수호)
　　　　　無有衆魔 (무유중마)
　　　　　外道得入 (외도득입)
　　　　　不爲一切 (불위일체)
　　　　　邪見生死 (사견생사)
　　　　　之所壞敗 (지소괴패)

삼세의 모든 부처님들께옵서 함께 지키시고 두호하시는 바이며
많은 마의 무리들과 외도가 잘 들어온다는 것은 있을 수가 없으며
일체의 삿된 견해와 나고 죽음이
이를 헐어 무너지게 하여도 되지 않나니,

 단정적으로 말씀을 드리면, 과거나 현재나 미래세에 있어서 모든 부처님들께서 보살도의 《무량의경》 이치를 꿰뚫어 보지 못하면 《불법》 일치된 완전한 깨달음을 이룰 수가 없는 것이다.

 이의 이해를 위해 "한 예"를 들면, 《보살마하살》들께서 자기의 법신(法身)인 밝은 별(星)을 법신(法身)으로 한 후 별 핵의 수명이 다하였을 때 《보살마하살》의 소임 완수로 수명이 다한 때이다.

 이렇게 수명이 다한 별의 핵(核)은 곧바로 핵(核) 붕괴를 일으켜 《항성풍》이 되어 별 표면을 벗어나게 된다. 이때를 석가모니 하나님 부처님께서는 《적멸한 경계》에 돌입하였다고 한다.

 이후 이 《항성풍》은 그 별의 회전길을 따라 일정한 거리까지 간 후 한 곳에 모여 공(空)을 이루게 되면 《석가모니 하나님 부처님》의 음신(陰身)인 대공(大空)의 원천 바탕에서 《파동》을 일으켜 《진명광》을 분출하여 만들어진 공(空)을 둥글게 쌈으로써 생명력을 부여하게 되면 공(空)은 《천궁(天宮)》이 되어 작용을 함으로써 다시 많은 《다섯 기초 원소》를 탄생시켜 《중성자》와 《양전자》와 《양자》는 《천궁》 중심을 이루고 《전자》와 《중간자》는 《천궁》 바깥으로 내어보내게 된다.

 이때가 《천궁》이 《커블랙홀》을 이룬 때이며, 이후 반복 작용으로 중심에 자리하였던 《중성자》와 《양전자》와 《양자》는 《천궁》 중심 핵(核)을 이룬다.

이때가 《천궁》 중심에 《일불승》이 자리하는 때로써 《천궁》변화상의 두 번째 단계인 《태양수 ⊕의 핵(核)》을 이룬 때이며, 이후 계속되는 작용으로 《화이트홀》의 단계에 들어가면서부터 많은 별(星)들을 생산하며, 이후 《퀘이샤》 과정과 《황금알 대일(大一)》의 과정을 거쳐 《황금알 대일(大一)》 폭발로 《불(佛)의 진신(眞身)》 3,4성(星)을 만들게 되는 것이다.

이와 같은 《천궁》의 변화상 모두가 《무량의》의 이치를 꿰뚫어 보지 않고는 진화를 할 수가 없는 것이다.

이 때문에 석가모니 하나님 부처님께서『**삼세의 모든 부처님들께옵서 함께 지키시고 두호하시는 바이며**』라고 말씀하시는 것이다.

다음으로 《천궁》을 이루고 《커블랙홀》 → 《태양수 ⊕의 핵》 → 《화이트홀》 → 《황금알 대일(大一)》 등의 《천궁》의 변화상을 겪으려면 《착함》인 《선(善)》을 근본 바탕으로 한 《음(陰)의 여섯 뿌리》 진공이 되지 않으면 《천궁》을 이룰 수가 없는 것이다.

이러한 뜻의 말씀이 『많은 마의 무리들과 외도가 잘 들어온다는 것은 있을 수가 없으며』라고 말씀하시는 것이다.

다음으로 《그리스》《자연사상》에 물든 학자들과 종교인들이 인간 육신이 죽으면 자연으로 돌아간다는 《삿된 견해》를 가진 자들로서 인간 육신의 죽음이 전부인 양 아무리 떠벌려도 《죽어봐야 저승을 안다고》 육신을 빠져나온 육신의 본래 주인인 《영혼》과 《영신(靈身)》은 스스로의 업장과 습성을 지닌 채 계속되는 진화를 하는 것이며, 실사 영혼이 흩어진다 하여도 《반야공》의 진화는 계속되는 것이다. 이러한 뜻의 말씀을 『일체의 삿된 견해와 나고 죽음이 이를 헐어 무너지게 하여도 되지 않나니』라고 말씀을 하고 계신다.

또한, 《그리스》《자연사상》과 같은 《삿된 견해》를 가진 자 대부분은 그들 육신(肉身)의 죽음이후 그들의 《영혼》과 《영신(靈身)》이 2차 죽임을 당해 《영혼》과 《영신(靈身)》을 이루었던 양자들과 전자들이 뿔뿔이 흩어져 개체의 양자와 전자로 바뀌는 형벌을 천상(天上)으로부터 받는 경우도 있다.

이러한 경우를 당한 이후라도 이들 개체의 양자와 전자들은《반야공》의 진화를 계속하는 것임을 말씀하고 계시는 것이다.

菩薩摩訶薩 (보살마하살)
若欲疾成 (약욕질성)
無上菩提 (무상보리)
應當修學 (응당수학)
如是甚深 (여시심심)
無上大乘 (무상대승)
無量義經 (무량의경)

보살마하살이
만약 빨리 위없는 깨달음을 이루고자 하면
응당 마땅히 이와 같은 심히 깊고
위없는 대승의 무량의경을 닦고 배울지니라.

《보살도》는《보살도 입문》의 보살과《보살도 성취》의 보살과《보살마하살》과《보살도 완성》의 부처(佛)님이 계시는 것이다.《보살도 완성》의 자리가 곧《아뇩다라삼먁삼보리》의 경계에 든 자리인 것이다.

상기 말씀은《보살마하살》이 다음으로 진화하고자 하면《보살도》의《무량의경》의 이치를 공부하지 않으면《아녹다라삼먁삼보리》의 경계에 들어가지 못하니 필수적으로 이를 닦고 배울 것을 당부하시는 말씀이다.